Biblioteca
Rafael Arráiz Lucca
12

Edición exclusiva impresa bajo demanda
por CreateSpace, Charleston SC.

Editorial Alfa
Apartado 50304, Caracas 1050, Venezuela
Telf.: [+58-2] 762.30.36 / Fax: [+58-2] 762.02.10
e-mail: contacto@editorial-alfa.com
www.editorial-alfa.com

ISBN: 978-980-354-399-0

Diseño de colección
Ulises Milla Lacurcia

Diagramación
Yessica L. Soto G.

Corrección
Magaly Pérez Campos

Fotografía del autor
Efrén Hernández

Imagen de portada
Retrato hecho en Bogotá. Copiado de un original de Espinosa por
Eustoquia Carrasquilla en 1845. Oleo sobre tela, 0,90 x 0,69 mt.
Colección Fundación Alfredo Boulton, Caracas.

Printed by CreateSpace, An Amazon.com Company

La navaja de Ockham
Colombia, Venezuela y otros ensayos

Rafael Arráiz Lucca

EDITORIAL
ALFA

ÍNDICE

PRÓLOGO

Los ensayos reunidos en este libro, convocados por el filo taxonómico de *La navaja de Ockham*, trabajan dos ámbitos espaciales: Colombia y Venezuela, así como gravitan alrededor de dos ejes temáticos: la historia política y la literatura. Al final, como una suerte de coda que acota y completa, una brevísima sección, *Orbis* y *biblos*, añade algunos puntos de vista.

Tanto los ámbitos espaciales como los ejes temáticos son invitaciones para la curiosidad intelectual que me domina. Lejos de haber contradicción entre ellos, son parte de la misma búsqueda por lograr que la navaja pode la tinta sobrante y deje solo la esencial. Por supuesto, afirmar que eso se intenta no quiere decir que se logre; eso lo arbitrará el lector, en ningún caso quien se afana en la tarea.

Escritos en distintos momentos y en dos ciudades antagónicas (Caracas y Bogotá), he hecho lo posible por ahorrarles arrugas a los lectores sin cambiar el sentido original de los textos. Si alguno de estos ensayos desata un mínimo episodio de alegría en quien los lea, me daré por satisfecho. Me sentiré en comunión con un desconocido que experimenta la misma repentina felicidad que provoca en mí la lectura reveladora.

RAL

LA NAVAJA DE OCKHAM

Alguna vez leí algo sobre este principio, «la navaja de Ockham», pero hasta ahora no había tenido la oportunidad de rastrear su origen y significado, así como de comprender su importancia. Lo primero: quien busque en los libros de Guillermo de Ockham alguna alusión al principio que lleva su apellido no hallará nada. La importancia de este fraile franciscano inglés para la historia de la filosofía política crece con los años. Su obra fue una suerte de puente entre el final de la escolástica y el mundo moderno. Se le consideró un hereje. Se cree que nació entre 1280 y 1288; se sabe que murió en 1349 y en sus escritos estampó la frase que dio origen al principio: *Entia non sunt multiplicanda praeter necessitatem*. Es decir: «No debe presumirse la existencia de más cosas que las necesarias».

El primero que aludió a este postulado como «la navaja de Ockham» fue el matemático irlandés William Rowan Hamilton, en 1852, quinientos años después de fallecido el fraile. la navaja a la que alude Hamilton es la cuchilla que usaban los amanuenses medievales para retirar la tinta sobrante una vez escrita la palabra sobre el papel. No se trata de una navaja de afeitar. A partir de entonces, y como por arte de magia, la denominación forma parte de los primeros rudimentos de epistemología, de economía, de lingüística y, en general, de toda aquella disciplina en la que haya que elegir. Por esto último, quizás, su popularidad no ha dejado de crecer en la comunidad científica, percolando desde allí hacia el mundo del «común de los mortales», donde nosotros la atajamos con beneplácito.

Cualquier contingencia desemboca en una emboscada: hay que decidir. Esta urgencia nos determina varias veces al día, desde lo básico (cuál pasta escojo en los anaqueles del mercado) hasta lo trascendental (qué estudio, con quién vivo), pasando por cómo analizo los hechos en el ámbito profesional.

Al día de hoy, la navaja de Ockham se expresa de la siguiente manera: en igualdad de condiciones, entre varias opciones, la que tiene más probabilidades de ser la correcta es la más sencilla. Ofrezco dos ejemplos elementales. Se escucha el paso acelerado de unos cascos de caballo afuera, mientras un grupo de gente está dentro de la casa. Se ofrecen dos respuestas. Son cebras. Son caballos. Según el principio invocado, naturalmente son caballos. Es muy poco probable que una cebra ande suelta por allí. El segundo ejemplo: cae una naranja de su árbol. Tres respuestas: la tumbaron unos muchachos con una pedrada; cayó por su propio peso; la tormenta de anoche la desprendió. Evidentemente, la segunda.

Conviene anotar que la navaja de Ockham no es una ley; es una teoría y, en tal sentido, funciona dependiendo del caso, de modo que no es un norte infalible que se aplica a toda casuística, sino un indicador inicial de un camino epistemológico. Además, conviene advertir que el principio no apunta hacia que siempre lo más simple y sencillo sea lo mejor, sino que entre varias posibilidades es «muy probable» que la respuesta más sencilla sea la correcta. Nótese que no decimos que «es la correcta». En pocas palabras, la navaja de Ockham al día de hoy puede ser una bitácora, pero no es infalible. Es perfectamente posible que la respuesta más compleja sea la correcta.

la navaja de Ockham es un instrumento teórico medieval, pero bien podría haber sido diseñada en la India de los upanishads, ya que en estos se comparte la aversión por lo redundante. También ha podido ser piedra angular de la practicidad anglosajona, tan avenida a lo esencial y alejada del florilegio barroco. Entre los upanishads hay uno que parece cortado por la navaja de Ockham: no sobra ni falta nada y es tan preciso que es difícil imaginar que alguien tuviera que escoger entre otras opciones para cada verso. Se lee en el Brihadaranyaka, IV.4.5:

> Tú eres lo que es el profundo deseo que te impulsa.
> Tal como es tu deseo es tu voluntad.

Tal como es tu voluntad son tus actos.
Tal como son tus actos es tu destino.

Intentamos a lo largo de las páginas que siguen tener a mano la navaja de Ockham, sin llegar a la ortodoxia de creer que es el único instrumento posible. No obstante, no cabe la menor duda de que buena parte de los desafíos que nos ofrece la realidad anidan en nuestra propensión a alejarnos de lo elemental, creyendo que la verdad está lejos de allí, cuando lo más probable es que esté velada por una trama de confusiones, malentendidos, falacias *ad hominem* e interesados enredos que premeditadamente nos distraen de la nuez esencial. Digo con Antonio Machado:

El ojo que ves no es
ojo porque tú lo veas;
es ojo porque te ve.

Avancemos navaja en mano, lista para podar, como dicen que hizo Ockham con las barbas de Platón, que era amigo de sembrar de entidades innecesarias el asunto sobre el que se debía tomar una decisión. De modo que aquella navaja que se usaba para podar la tinta sobrante también fue útil para podar las barbas del filósofo griego. Anida en mí la imagen de Aristóteles afeitando las barbas de su maestro Platón, con quien las diferencias fueron tantas que cualquiera que afirme que hay dos maneras de estar en el mundo occidental, la aristotélica y la platónica, no se equivoca. Innecesario afirmar que la navaja de Ockham es un instrumento que se aviene perfectamente en las manos de un aristotélico y se hace inasible para un platónico.

BREVES ANOTACIONES SOBRE LA NATURALEZA DEL ENSAYO

Cuando comencé a escribir con frecuencia diaria, hace ya cuarenta años, no imaginaba que sería el ensayo el género que cultivaría con mayor insistencia. Suponía entonces que, después de la poesía, se me iría imponiendo la narrativa, pero ello no ha ocurrido y el ensayo se ha ido apoderando de buena parte de mi afán de escribidor. Desde hace tiempo su naturaleza se me presenta como un desafío por investigar. Quizás sean propicias estas líneas introductorias al corpus ensayístico aquí recogido para hacer públicas algunas anotaciones.

Suele apuntarse que el género nace con Michel de Montaigne en el siglo XVI, cuando el autor hizo de su propia circunstancia la materia de su escritura literaria. Entonces, Montaigne había dejado de ser alcalde y, subido al último piso de su torre particular, escribía sobre lo divino y lo humano, sin abandonar la perspectiva personal. Otros señalan que Francis Bacon estaba haciendo lo mismo en idéntico tiempo y se cuenta con suficientes pruebas de ello. Otros estudiosos anotan que, en Japón, el ensayo había surgido antes que en Occidente, pero esa otra tradición es todavía tan ignota para nosotros que no me atrevo a seguir la especie, por bien fundamentada que esté. En todo caso, fue durante esta centuria de anunciación de la Modernidad occidental cuando algunos primeros autores se licenciaron para divagar, para pensar en voz alta, para ensayar respuestas, para aproximarse a un fenómeno desde distintos ángulos, o desde uno solo, e intentar iluminar sus contornos. Aunque en algún pasaje recurrían a la estructura del relato, no se proponían narrar de manera exclusiva; y aunque el tono del discurso pudiese ser poético, no estaban poetizando de manera unívoca. Ensayaban y, en la tarea, echaban mano de narraciones o giros poéticos, pero transitaban otros caminos.

El lúcido humanista mexicano Alfonso Reyes llamó al ensayo «el centauro de los géneros», aludiendo a su naturaleza híbrida, mitad hombre, mitad caballo; y ciertamente así es el género, pero Reyes se refería al ensayo literario primordialmente. No estaba en las primeras filas de su mente el ensayo académico, regido por pautas científicas, que prescribe la formulación de hipótesis, el planteamiento de problemas, el basamento en fuentes documentales y la argumentación sustentada en razonamientos lógicos. Quizás tampoco pensaba don Alfonso en el ensayo político, histórico, sociológico o económico, sino fundamentalmente hablaba sobre el ensayo de su mundo: el de la literatura.

En este libro que el amable lector tiene en sus manos, hallará ensayos académicos y literarios. Tanto unos como otros causan distintos placeres para quien los escribe y, presumiblemente, para quien los lee. Los primeros se redactan lentamente, después del acopio de fuentes, después de haber trasegado el tema, de haberlo discutido con colegas o alumnos. Se inician con la conciencia de comenzar una navegación larga, con períodos de calma y otros de tormentas. La estructura que va a seguirse se determina antes de la escritura, al punto de que el esqueleto capitular se diseña previamente, aunque durante el curso de la travesía pueda sufrir algunas modificaciones. Las conclusiones no asoman su rostro hasta tanto la convivencia con el texto, durante semanas, haya hecho su trabajo. Entonces emergen algunas ideas concluyentes; podría decirse que por «arte de magia», pero no es así. Lo que ocurre es que la dificultad inicial, la ceguera primeriza, se supera de tal manera que parece mentira que de la oscuridad se haya llegado a la luz, cuando se creía imposible.

El ensayo académico se acompaña de citas textuales, a las que se invoca en el momento preciso y siempre con pertinencia; igual puede ocurrir en el ensayo literario. Nada peor que una cita que no viene al caso, que no contribuye con la luminosidad del texto. El ensayo académico es de naturaleza dialogal: conversa con otras aproximaciones al mismo tema y se trenza en discusiones con ellas, o las incorpora al discurso, pero siempre está en son de diálogo. Su sociabilidad es proverbial, ya que ocurre dentro de una trama cultural, en el laberinto de una comunidad científica. En las antípodas de esta sociabilidad, el ensayo literario puede cocinarse en tales fuegos de la intimidad que puede discurrir como un soliloquio, al punto tal que el Ser mismo se torna en objeto único de la reflexión. Esto es impensable en el ensayo académico, cuya existencia real se revela cuando entra en diálogo con la comunidad profesional que le espera. Sería absurdo tejer un ensayo académico sin pretensiones dialogales o intimista; para ello está el otro, o la fuerza personal de la poesía.

Puede afirmarse con justicia que la libertad no halla espacio franco dentro de los límites del ensayo académico, pero siempre que hablemos de la libertad de ensayar sin parámetros, sin límites, ya que estos le son consustanciales al ensayo ordenado por las pautas de la ciencia. La libertad encuentra ámbito en la escogencia de los temas, en la resistencia a la ideologización, en la búsqueda de la verdad sin cortapisas de ningún tipo, en la claridad y valentía de las conclusiones. Es cierto que el ensayo literario es, por su propia naturaleza, un espacio para el libre arbitrio, al que la arbitrariedad perjudica tanto como la irracionalidad. No hay puente entre la libertad y la irracionalidad. Dicho de otro modo: por más que el ensayo literario navegue en aguas libérrimas, estas no pueden acercarse a la irracionalidad sin incurrir en falta grave, ya que el pensamiento es el eje sobre el que gira tanto un ensayo literario como otro académico. Sin pensamiento no hay ensayo y pensar supone unos pasos, un método, un conocimiento de un «estado del arte», una historia.

El científico social, político o histórico suele desdeñar el ensayo literario; incluso el crítico literario de formación científica suele hacerlo, y ello es comprensible desde la perspectiva de quien asume el ensayo académico, pero no desde las ideas o de la experimentación del placer del verbo, ya que estas pueden plantearse tanto en un ensayo académico como en uno literario, según la caracterización que venimos haciendo. De modo que es necio prescindir de la reflexión ensayística al margen de las pautas de la academia por el solo hecho de que no las siga, y viceversa. Tanta luz puede haber en uno como en otro: esto es lo importante.

En lo personal, debo confesar que los dos sirven a mi sed intelectual y que ambos me son propicios, dependiendo del tema, la exigencia, el tiempo con el que cuento y, por supuesto, la naturaleza del trabajo que enfrento. Entre una biografía y una novela histórica, sé cómo trabajar la biografía; en la otra me siento como caminando por terreno minado, o infringiendo tal cúmulo de prescripciones que no sabría qué hacer con mi conciencia. Y aquí rozo un tema latinoamericano que se expresa en una pregunta: ¿por qué hemos sido tan proclives a novelar la historia, basados en fuentes documentales trabajadas por los historiadores, y hemos sido tan poco dados a la biografía? No lo sé, pero la intuición me indica que al responder hallaremos un rostro con unos lunares y verrugas que no nos gustará contemplar.

Y el lector se preguntará, ya al final de estas líneas: por qué he incurrido en ambos ensayos, por qué no me he conformado con uno de los dos procederes. Mi formación inicial de lector me acercó al ensayo literario, mientras mis estudios de Derecho me hicieron abrevar en ensayos científicos. Entonces, mi juventud no lidiaba a placer con ellos. Fue luego, al reiniciar estudios formales, cuando cursé una especialización en Gerencia de Comunicaciones Integradas, y luego, al concluir una maestría en Historia de Venezuela, cuando me acerqué al ensayo académico desde otra edad y con otro goce, con un goce profundo, debo confesar. El mismo que experimenté cuando concluí mi tesis doctoral en Historia, después de haberme ejercitado con tres biografías (Raúl Leoni, Arturo Úslar Pietri y Juan Liscano) escritas con todas las de la ley académica, y espero que amenas como una buena novela.

Una de las tareas que más tocan a mi puerta es la de intentar comprender lo que ocurre; quizás por eso escribo ensayos: es una manera de dialogar con lo que leo, que me ayuda a entender el mundo. También, al escribirlos organizo el caos natural de mis ideas, que solo hallan cauce cuando se estructuran, cuando son llevadas hasta la casa de la gramática, de un orden.

COLOMBIA

Después de todo, ¿qué puede hacer un latinoamericanista con un país donde los dictadores militares son prácticamente desconocidos, donde la izquierda ha sido congénitamente débil y donde fenómenos como la urbanización y la industrialización no desencadenaron movimientos «populistas» de consecuencias duraderas?

DAVID BUSHNELL

COLOMBIA Y VENEZUELA:
UN ENSAYO IMPRESIONISTA

Viví tres años en Bogotá. Entre septiembre de 2010 y julio de 2013 avancé por sus calles con una botella de agua en la mano, buscando contrarrestar los estragos que causaban los 2600 metros de altura en mi sistema circulatorio hipertenso y mis incipientes problemas con el azúcar. A veces había que detener la marcha y buscar oxígeno en el respirar pausado que facilitaba un banco de una plaza; otras, había que ingerir corriendo un litro de agua para licuar la sangre y ayudar su paso por sus caminos naturales, dificultados por la espesura que provoca la falta de oxígeno. Entonces, experimenté algo que jamás me había ocurrido antes: mi cuerpo se hizo presente y ocupó todo el espacio diciendo: «Ocúpate de mí, ponme cuidado». Eso hice, inevitablemente. Con todo y el terror que le tengo a los médicos y los exámenes de laboratorio tuve que acudir a ellos buscando nivelarme, recuperar un mínimo equilibrio.

Ahora que escribo estas líneas desde los 800 metros de altura de Caracas advierto que no lo logré plenamente. Mis años de Bogotá estuvieron signados por mi cuerpo diciéndome a horas variables del día, pero sobre todo en las mañanas: «aquí estoy, vengo a someterte otra vez, ocúpate de mí». No obstante y lo anterior, no tenía ninguna posibilidad de vivir en Bogotá sin trabajar, de modo que presenté mis títulos en la Universidad del Rosario y me aceptaron como profesor-investigador. Di entre uno y tres cursos por semestre, pero me quedaba tiempo para investigar, leer y escribir, y eso hice, siempre con la botella de agua al lado.

Leí mucho sobre Colombia, pregunté todo lo que pude a mis colegas profesores, participé en la formidable tertulia histórico-literaria de Alfonso Ricaurte. Conversé mucho con colombianos entrañables: Camilo Gutiérrez Jaramillo, Mauricio Acero, Álvaro Pablo Ortiz, Enrique Serrano, Eduardo Barajas Sandoval, Juan Londoño, Diana Plata Alarcón, Juan Carlos Guerrero, Juan Estéban Constaín, Darío Jaramillo Agudelo, Juan Gustavo Cobo Borda, Paula Quiñones, Enver Torregrosa, Guillermo Martínez, Mauricio Lleras, entre otros. Tuve, además, la fortuna de conversar muchas veces con mis amigos los expresidentes Belisario Betancur Cuartas y Andrés Pastrana Arango, a quienes no perdía oportunidad de interrogar sobre historia política colombiana y siempre fui correspondido con el mayor afecto y simpatía colombo-venezolana; lo mismo hice con Carlos Lleras de la Fuente, hijo de Carlos Lleras Restrepo, y abrevé en un manantial de información valiosísima sobre su país. Lo mismo hice con Alfonso López Caballero, hijo de Alfonso López Michelsen, y un buen amigo conocedor de los vericuetos del alma colombiana.

De modo que tomé en tres años un curso de inmersión colombiana intensivo, apuntalado por un conjunto significativo de libros que ahora conservo y consulto en mi biblioteca caraqueña. Buena parte de las amistades bogotanas que cultivé eran amigos previos de Guadalupe Burelli, mi esposa, quien pasó parte de su infancia allá, cuando su padre era embajador de Venezuela en Colombia.

Dicho todo lo anterior como aperitivo, pasemos ahora a los platos fuertes y al postre y, sobre todo, a la sobremesa, cuando suelen ocurrir las confesiones valiosas. Antes, les recuerdo el adjetivo de este ensayo: «impresionista». No puedo sino consignar impresiones que pudieran abrir puertas de investigación, siempre en juego de comparaciones entre nuestros hermanos vecinos y nosotros.

Lo primero que salta a la vista como una enorme diferencia entre un país y otro es que en Colombia prácticamente no ha habido inmigrantes, en comparación con Venezuela. Resulta extraño ir a una panadería en Bogotá y que no la atienda un portugués; sorprende constatar que la oferta gastronómica china es ínfima, casi inexistente; lo mismo ocurre con la italiana, minúscula en comparación con la de cualquier ciudad venezolana. ¿Qué ocurre? Colombia no recibió oleadas migratorias gigantescas, sí, gigantescas, como Venezuela. A partir de la guerra civil española y con motivo de la Segunda Guerra Mundial a las costas venezolanas llegaron millones de inmigrantes portugueses, italianos de los pueblos del sur, canarios y gallegos, pero también asturianos, extremeños, vascos y catalanes, judíos, libaneses, sirios y una larga y variadísima nómina de forasteros. Nada similar ocurrió en Colombia, salvo los inmigrantes libaneses en Barranquilla, en una escala notablemente menor a la venezolana. ¿El motivo? Nada de que enorgullecernos los venezolanos: el petróleo, por una parte, y por otra, un Instituto Técnico de Inmigración y Colonización fundado, durante la presidencia de Eleazar López Contreras (1936-1941), que buscaba inmigración selectiva para un país despoblado. De modo que dos factores se suman: el viejo problema de la despoblación en Venezuela y la súbita presencia del maná petrolero. Ya para la década de los años 50, Venezuela cuenta con uno de los ingresos per cápita más altos del planeta. Saquen sus cuentas: menos de 7 millones de habitantes y una explotación petrolera diaria de 2 millones de barriles. Una barbaridad. ¡Ni tontos que fueran los europeos que huían de la guerra y la postguerra en irse a un país pobre teniendo al lado uno rico, cuando huían precisamente de la pobreza!

Por las causas que fueren, los venezolanos se vieron obligados a recibir a millones de inmigrantes y, según testimonios de ellos mismos, no siempre fue «miel sobre hojuelas» el recibimiento, pero la verdad es que se fueron aclimatando ambos factores: el extranjero que llegaba y el criollo que los recibía. Gústenos o no, lo cierto es que la tolerancia con el forastero, con el extraño, se hizo práctica avenida o forzosa. Cuando comienzo un curso en la Universidad Metropolitana en Caracas suelo pedirles a los alumnos que levanten la mano quienes tengan abuelos extranjeros: casi el 90 % del salón lo hace; hice lo mismo en la Universidad del Rosario en Bogotá en los años en que enseñé allá: apenas el 10 % la levantaba y, en algunos casos, nadie la levantó. Son dos combinatorias sociales radicalmente diferentes. Este es un hecho precioso para quien quiera adelantar una investigación sobre el tema. Lo consigno en estas líneas y tan solo apunto que el conmovedor nacionalismo colombiano guarda relación con esto y, también, el dolorosísimo desamor y desdén del venezolano por su país está vinculado con esto que señalo.

Todo tiene su vuelta: es cierto que el sentido cosmopolita y tolerante del venezolano es celebrable, pero también lo es que la maleta está lista para irse y echar pestes del país como si dejaran atrás una epidemia sin remedio conocido. No es menos cierto que el amor por su país que viví en Colombia debe tener que ver con este sentido de pertenencia de decenas de generaciones de nacionales, que se casan unos con otros y no tienen en la memoria afectiva otra patria que la colombiana.

Lo anterior engendra otro hecho que advertí en Colombia en todos los estratos sociales. Me refiero a la pasión genealógica. La gran mayoría sabe de dónde viene su familia, a cuál oficio se dedicaron, con quiénes están emparentados. Insisto en aclarar que esto no es un interés exclusivo de las élites colombianas; es un fervor genealógico extendido. Esta curiosidad se vive en Venezuela en algunas viejas familias de distintas ciudades del país, pero no es interés común ni cultivado por todos los miembros de estas familias. ¿Las causas? Muchas, pero sin duda hay un escollo insalvable para estas aficiones: los extranjeros que llegaron, en su mayoría, quemaron sus naves con sus países de origen y sus hijos o nietos venezolanos saben poco o nada de sus antepasados. Esto me recuerda una pregunta que alguna vez le formularon a Borges sobre los argentinos. Le preguntaron: «Maestro: ¿de dónde descienden los argentinos?». Afirmó: «De los barcos».

En todo caso, salvo en casa de unos parientes míos que son asiduos al crucigrama genealogista, y no me excluyo de esta afición memorística, no me había visto envuelto en tantas disquisiciones donde se intentaba desenredar el origen familiar de otro. Por supuesto, en estos temas como en otros se erigían voces insufladas de autoridad y, con lamentable frecuencia, se escuchaba un susurro racista. Tomemos en cuenta un dato: en la combinatoria social colombiana la presencia africana es menor que en la venezolana, así como es notablemente mayor la indígena en Colombia que en Venezuela. No es de extrañar que para las élites urbanas –en cada ciudad colombiana hay una élite distinta con sus propios resortes y tradiciones– el tema colonial de la «limpieza de sangre» no quedara completamente sepultado en el siglo XVIII y, por lo contrario, no faltan quienes lo ventilen todavía a estas alturas, cuando la democracia colombiana lleva años de andadura.

Imposible no señalar en estos momentos que la democracia política colombiana cuenta con instituciones más sólidas que la venezolana, pero también es imposible dejar de apuntar que la democracia social venezolana es más profunda, si tomamos como medida la existencia residual de una sociedad estamental colonial. No exagera quien afirme que la inercia de la sociedad estamental colombiana, virreinal, está más presente allá que acá, en la tardía Capitanía General de Venezuela. En consecuencia, la movilidad social, el ascenso social en Venezuela ha estado más determinado por la tenencia de dinero que por la observancia de pautas de abolengo o por las tradiciones, que es lo mismo. En otras palabras: perviven restos de la sociedad estamental virreinal bogotana, en algunos casos hasta con buena salud, mientras de la sociedad estamental colonial venezolana no. Entre otras razones porque la vigencia de la Cédula real de Gracias al Sacar en Venezuela fue profunda, y muchos pardos adquirieron «derechos de ciudadanía» como si fueran blancos, para molestia honda de los mantuanos caraqueños, mientras en Colombia no eran muchos los pardos, y muchos menos los capaces de contar con los recursos para materializar la famosa cédula real y lograr que sus hijos morenos fueran tenidos por blancos. No olvidemos que esto era crucial: si no eran tenidos por blancos no podían asistir a la escuela, porque para entrar a ella se exigía «limpieza de sangre».

Cómo no ver una diferencia sustancial entre Colombia y Venezuela en el papel que la Iglesia católica tuvo en uno y otro país. Los jesuitas estaban fundando un Colegio Mayor en Bogotá en 1603, el de San Bartolomé, mientras la Universidad Católica Andrés Bello se funda en 1953. Naturalmente, el énfasis de la Corona española en América en cuanto a su obligación evangelizadora estuvo puesto en los lugares donde había gente para evangelizar; de allí que los virreinatos de Nueva España, Perú y Bogotá –este último tardío (1723)–, se erigieron donde las culturas originarias eran fuertes, en algunos casos multitudinarias y, por supuesto, obligantes en cuanto al apostolado requerido para la conversión de los paganos politeístas en fieles monoteístas.

Pero la influencia de la Iglesia católica imantó todo el modelaje cultural colombiano porque no solo tuvo en sus manos la educación sino porque las relaciones entre los hombres, las relaciones sociales, estuvieron signadas por sus valores y costumbres. ¿Pasó algo distinto en Venezuela? Sí, ya que la presencia de esta institución fue menor, menos omnipresente. De allí que sus principios pedagógicos de entonces, basados en la obediencia como valor máximo, en Venezuela entraran con menos potencia en el sistema circulatorio de las creencias y de las costumbres, mientras en Colombia forman parte casi del ADN. Innecesario señalar que la Iglesia católica del período colonial, lejos de propender a la tolerancia y la convivencia, aupaba lo contrario. Era fundamentalista y, además, sustentaba el «Derecho Divino de los Reyes» y se lo entregaba en bandeja de plata a la monarquía. De modo que no exagera quien afirme que la presencia de la Iglesia entonces traía consigo principios monárquicos y absolutistas en proporción a la densidad de su ocupación. Su ausencia, por lo contrario, traía cierta laxitud que era vista desde las atalayas del autoritarismo como expresión de la anarquía y esta, naturalmente, era motivo para su más enérgica condena y reparo, cosa que la Iglesia hacía de mil amores.

Catar cuánto de la violencia que ha padecido Colombia durante décadas es consecuencia, en alguna medida, del autoritarismo y la intolerancia reinante en la sociedad es harina de un costal distinto a estas impresiones. No obstante, algo nos dice que no está descaminado quien penetre en esta selva advirtiendo este talante fundamentalista e inquisidor de su Iglesia católica colonial. Por otra parte, los problemas venezolanos no tienen fuente en los excesos que ha podido producir la Iglesia en el modelaje cultural de la sociedad. Nuestros problemas, quizás, partan precisamente de la falta de un orden político y jurídico coercitivo, de la visión desinstitucionalizada del mundo. Pero toda moneda tiene dos caras: en Venezuela disentir ha sido práctica común que se tolera fácilmente, mientras en Colombia disentir es un agravio, como alguna vez me explicó mi amigo el narrador Enrique Serrano. Esto conduce a que las palabras pesen más allá que aquí. Es natural: si lo que digo puede ser fuente de una ofensa grave, cuido mi lenguaje; si lo que digo puede recogerse o tolerarse, pues mi lenguaje es tan dúctil como impreciso. Lo que digo pesa menos. Allá hay gravedad, aquí liviandad. No sabría optar por uno u otro extremo; solo sé que un punto más cercano al equilibrio sería mejor, más llevadero.

¿Será por este respeto por el significado de las palabras por lo que los modales son tan importantes en Colombia? Pienso que sí, porque respetar la carga que llevan las palabras en su poder ofensivo es también valorar lo que llevan de amabilidad. ¿También será por esto mismo que los agravios, los daños, los perjuicios van acompañados de un «me muero de la pena» o «qué pena con usted»? Es posible que sea así, que la violencia esté enmascarada en las formas, en los modales, en la urbanidad. En Venezuela es exactamente lo contrario: se espeta lo que se piensa sin ningún cuidado, sin ninguna consideración por las formas. Por otra parte, la valoración que suele hacerse de ambas actitudes es inexacta: los venezolanos suelen ver hipocresía y nada más en los modales colombianos; mientras estos ven en la rudeza venezolana una expresión de la barbarie costeña, caribeña. Ambas apreciaciones son incompletas: hay hipocresía en los modales bogotanos, pero no solo hipocresía; también hay respeto por las formas porque estas son esenciales a la cultura cundiboyacense. La ausencia de formas en los venezolanos no es solo barbarie; también es rechazo por todo aquello que esconda la crudeza de la verdad. Se prefiere el insulto desconsiderado porque se cree que así se apunta más cerca a la diana de la verdad. En Colombia pareciera que la verdad es secundaria frente al imperio de las formas, de la contención, de la prudencia. De un lado contención y prudencia, del otro espontaneidad y «sinceridad».

Siempre me llamó mucho la atención en Bogotá lo que respondía una madre cuando le preguntaban por sus hijos. Todas, indefectiblemente, decían que eran muy «juiciosos». Cuando a las madres venezolanas se les hace la misma pregunta dicen, para apuntar algo muy bueno, que los niños están tremendísimos, divertidos o graciosos; jamás dirán que «juiciosos», porque el juicio no es un valor en Venezuela. El valor es lo contrario: no tenerlo, ser divertidos. Esto guarda relación con otro valor que señalamos antes como cardinal de la cultura colombiana: la obediencia; mientras en Venezuela se estima más al respondón, al retrechero, a ese que también puede tenerse como alguien que ejerce el pensamiento crítico, una vez pasado por la criba de la educación.

Otra diferencia notable es la velocidad. En Caracas la rapidez es sinónimo de eficiencia. Cuando algo sale rápido es que se hizo bien. En Bogotá es al revés: si salió velozmente fue porque se hizo mal; la lentitud es garantía de eficacia. Mil veces se escucha un refrán colonial que aún está vibrante de actualidad: «La prisa es plebeya». Y todavía más se escucha otro contemporáneo: «No hay afán». En otras palabras:

el afán es lo peor. Correr es lo peor. Sin embargo, la experiencia de ir en un taxi por las calles de Bogotá puede ser terrorífica. La velocidad que alcanzan es vertiginosa. Uno se hunde en el asiento esperando lo peor, pero esto no llega. Conducen como diablos con una destreza inimaginable, con mucho afán, ahora sí. Embistiéndose unos a otros, impidiéndose el paso.

Veía a los señores en la barbería hacerse las uñas; miles de hombres en Bogotá se hacen las uñas, de todos los estratos sociales, y advertía que el tiempo que pasaba la manicurista era dilatado, que hacía su trabajo con una lentitud exasperante. Alguna vez le pregunté a una de ellas por qué y me respondió: «rápido no se puede hacer bien». Pues bien, esta sociedad en la que la lentitud se erige como valor es la misma en la que la rapidez de las estafas es asombrosa. En segundos cambian algo sin que el afectado se dé cuenta. Esto conduce a que la sociedad colombiana se vea acorralada por la desconfianza. De allí que cualquier trámite administrativo derive en jurídico y desemboque en la Notaría y que, naturalmente, el notario sea un personaje importante: da fe de la identidad, de los títulos de las personas. Blinda el trámite de la amenaza de la falsificación, del fraude.

Los colombianos pasan la vida diligenciando una planilla. Cualquier trámite en una oficina pública y privada es algo complejísimo que debe ser revisado y revisado hasta la saciedad, como si fuera una operación de envergadura, cuando en realidad es baladí. Compré un carro a crédito en Bogotá y de la agencia llamaron a mi suegra a Caracas para saber si yo era quien decía ser que era. Tardaron tres meses en aprobar el crédito y se referían a él como «la operación». Era realmente chistoso todo aquello. Buscan protegerse de un fraude, pero el reflejo les queda para hechos que no admiten esa posibilidad. Es un clima nacional.

No sé si lo anterior tenga relación con algo muy extraño que me ocurrió allá varias veces. Conocía a alguien que me trataba con una amabilidad pasmosa, como si me conociera de toda la vida, y me invitaba a vernos de nuevo, a ir a su casa, a vincular a las familias. En verdad, uno se siente muy bien, muy agradado y la despedida al final del encuentro anuncia que la invitación ofrecida ocurrirá muy pronto, en días, pero no, jamás llaman. Peor aún, te vuelven a ver y no te saludan. Es una conducta extrañísima. Indagué varias veces por qué ocurría esto y los amigos bogotanos me decían que era lo más común, que eso no me lo hacían a mí por extranjero, que entre ellos pasaban la vida haciéndoselo. Es algo que no logro entender. Naturalmente, la conclusión lógica es que la amabilidad y la zalamería que te prodigaron eran falsas y tú, como extranjero, lo ignorabas. Si eres del patio sabes que todo ese afecto en el trato es forma, es agrado fugaz, que se voltean y puede que nunca más te dirijan la palabra. Esta conducta para un venezolano es muy difícil de comprender. Allá hay unas sutilezas indescifrables. Lo que ves no es, tampoco es lo que está oculto. En fin, por más que mis amigos intentaron aclararme esta conducta tan extendida, no creo haber comprendido completamente de qué se trata, por qué ocurre, qué se busca con esto. En todo caso, contribuye con la desconfianza generalizada. Sin duda.

Quizás por lo anterior padecí la experiencia de la espera en un banco en silencio. Nadie se atreve a hablarle al vecino. No se puede hacer. Está mal visto. Engrincha a la gente. Esto para un caraqueño es algo inusitado, hasta violento; lo natural es que uno converse con quien tiene al lado en cualquier lugar. Lo extraño es que no se haga. Todavía peor: me ocurrió que vecinos en el ascensor no contestaban el saludo. ¿Cómo puede ser esto? No digo que siempre fue así, pero quienes respondieron el saludo en un ascensor lo hacían porque mi acento delató que era extranjero, a un compatriota no le hubieran contestado. ¿Por qué? ¿Cómo se compadece esto con la célebre urbanidad de los colombianos? ¿Será que se articula específicamente en una relación signada por la utilidad comercial? Un taxista amable, una recepcionista que saluda correctamente, una telefonista que sabe hablar. ¿Será? No me atrevo a afirmarlo, pero no creo que deba dejar de indagarse acerca del utilitarismo en las relaciones personales. Consigno una anécdota: saludo y doy las gracias a cualquier persona, siempre, independientemente de su condición. Así me enseñaron mis padres. Y así me gusta porque siembra una atmósfera de amabilidad que hace bien en el alma, pero un amigo me advirtió que eso era muy raro allá, que no lo hiciera, que andar saludando a cualquiera podía ser malinterpretado. Otra rareza. No sigo por este camino porque, en verdad, no sé cómo interpretar estas conductas. Las señalo porque algo me dice que son reveladoras.

Atajemos otro asunto antes de que se vaya volando.

«Colombia está formada por varios países» es una frase que se escucha y se lee con frecuencia y es verdad. Algunos hablan de cinco, otros de seis y hasta de siete. Los llanos es uno; la costa caribeña es otro (ellos la llaman extrañamente la costa atlántica); Antioquia y el eje cafetero es otro; Cali y la costa del Pacífico es otro; la región cundiboyacense (que incluye Bogotá) es otro; algunos suman un sexto: la selva amazónica; otros un séptimo: el sur andino: Popayán y Pasto. En verdad, las diferencias más claras se dan entre los llanos, el Caribe y las zonas andinas. Estas últimas, como cultura de montaña, ofrecen matices entre el sur, el eje cafetero, Bogotá-Tunja y Bucaramanga-Cúcuta; todas estas zonas son montañosas y frías en diversa medida. En todo caso, es cierto que los accidentes geográficos colombianos han conducido a que las singularidades regionales sean pronunciadas, dado que la comunicación entre estos «países» ha sido dificultosa. Es cierto que es radicalmente distinto ser costeño que bogotano; llanero que paisa (antioqueño), caleño que tunjense. También es muy probable que un porcentaje muy alto de colombianos de una zona jamás haya ido a otra. Las carreteras son pequeñas y pocas (casi no hay autopistas), los viajes en avión muy costosos y la guerrilla dificultó el paso por zonas durante 50 años: dos generaciones de colombianos transcurrieron con cerca del 40 % del territorio en manos de la FARC y el ELN o, en todo caso, en plena guerra de guerrillas por el control de este espacio territorial.

Todo lo anterior apunta a que la integración nacional colombiana haya sido tan difícil de lograr por estos factores señalados: geografía, comunicaciones, guerrilla y que la consecuencia natural haya sido la acentuación de las particularidades regionales, su profundización y hasta su paroxismo nacional. Leí en una entrevista en la revista *Semana* en 2013 que Nicanor Restrepo, el gran empresario antioqueño, una suerte de Eugenio Mendoza Goiticoa de este tiempo, afirmaba que para ser gerente en Medellín era necesario ser de allá. Es casi imposible leer algo semejante en algún otro lugar del mundo. La pertenencia regional por encima de la nacional hasta el punto de la exclusión de otros colombianos como si fueran forasteros. ¡Cómo será para los extranjeros de verdad! Y hemos dado con un vocablo que retumba en Colombia: exclusión. De hecho, los gobernantes conscientes, que son la mayoría, saben que la tarea nacional pasa por allí: por incluir a todos; a los que se les excluye por forasteros en su propia patria; a los excluidos por morenos, por pobres, por indígenas, por hijos de inmigrantes, por cualquier causa. La lista es larga, pero la conciencia de que este es un problema serio es muy grande también; de allí que también se note el esfuerzo pedagógico del Estado por revertir esta tendencia cultural ancestral y los resultados sean promisorios. Es común oír que hasta los niños tienen consciencia de sus derechos fundamentales. De modo que situaciones críticas traen esfuerzos sostenidos y logros evidentes también. Ni la exclusión ni la separación de regiones del país, con advertencias como la de Restrepo, son comunes en Venezuela en la misma magnitud que en Colombia. Nuestros problemas son otros. Nos convendría una pizca de orgullo regional paisa en cualquier región venezolana sin llegar a los extremos fundamentalistas de don Nicanor.

Si los venezolanos pasamos décadas del siglo XIX pagando los servicios a los generales victoriosos de la guerra de independencia, acentuando la preeminencia del caudillo militar por encima de los doctores, en Colombia no ocurrió lo mismo. De allí que en el imaginario colectivo venezolano pese tanto, lamentablemente, la figura del hombre de armas y en Colombia pese mucho, muchísimo menos. De hecho, no son los atributos militares los que se ponderan más en la hoja de vida de Francisco de Paula Santander; son los civiles, los jurídicos, los administrativos. Esta diferencia no es menor, aunque a cualquiera pueda parecerle.

Los críticos de la exasperante trama jurídica y burocrática colombiana se quejan del «santanderismo» del país, donde todo debe ser diligenciado, judicializado, documentado, y añoran una pizca de ejecutivismo militar. Por lo contrario, en Venezuela se está hasta la coronilla del ejecutivismo militar que irrespeta el marco legal y que conduce a que el poderoso haga lo que le da la gana, sin que las consecuencias judiciales se hagan presentes. En Colombia no: abundan los funcionarios públicos presos por corrupción administrativa, lo que indica que hay un Poder Judicial que actúa, mientras en Venezuela la falencia del Poder Judicial es de larga data y en los últimos años se ha hecho crónica, al punto de que prácticamente no existe, salvo para perseguir a los enemigos políticos del gobierno.

Afirmar que el «civilismo» está más pronunciado en Colombia que en Venezuela es tan cierto como que el «militarismo» está más presente en Venezuela que en Colombia. Por supuesto, nos estamos refiriendo a ambos en cuanto a su presencia en los ámbitos del poder formal del Estado, no en relación con la sociedad, ya que en este sentido puede afirmarse lo contrario. No olvidemos que Colombia ha pasado décadas en guerra; si sumamos la década de la violencia política de los años 50, más el desafío guerrillero desde 1964, nos acercamos a 70 años de enfrentamientos bélicos de menor y mayor envergadura. En cambio, en Venezuela no tiene lugar una batalla desde 1903, cuando ocurrió la de Ciudad Bolívar y concluyó entonces el caudillismo regional.

Si en Colombia el civilismo ha conducido al país a las urnas electorales sistemáticamente desde la fundación de la república, como bien lo explica Eduardo Posada Carbó en su lúcido libro *Nación soñada*, en Venezuela el caudillismo militar condujo a 39 alzamientos y revoluciones entre 1830 y 1899, con la Guerra Federal incluida. Lo anterior no quiere decir que en Colombia no hubo guerras en el siglo XIX; sí las hubo, pero la urna electoral estuvo allí, siempre, en medio de la refriega, respondiendo a los resortes civilistas de la sociedad colombiana. Esos mismos resortes en Venezuela no siempre han funcionado bien; se han oxidado a veces; se ha trabado el mecanismo en muchas oportunidades y, también, ha funcionado ejemplarmente. Lo anterior nos lleva a preguntarnos: ¿por qué en el siglo XX Colombia y Venezuela han tenido circunstancias políticas internas tan disímiles? La respuesta supone muchos factores, pero hay uno que sobresale: el petróleo.

En Venezuela cuando llegan los andinos al poder, en 1899, con Cipriano Castro y Juan Vicente Gómez, se articula una voluntad política conducente a acabar con los caudillos regionales, cosa que logra un Ejército que comienza a tener visos de profesionalismo, en 1903. Luego, en 1910 se crea la Academia Militar, lo que ahonda este proceso de profesionalización y de consolidación de una institución pivote: el Ejército. Este afianzamiento del cuerpo armado conduce, además, a que vaya erigiéndose como el dedo elector que escoge a quien ejerce el poder, ya que es la única institución sólida de la nación. Se suma a este hecho el descubrimiento de grandes yacimientos de hidrocarburos en 1914 y 1922, favoreciendo la consolidación de la dictadura del general Gómez. En 1928, la producción petrolera nacional desplaza como primer rubro de exportación al café y los ingresos del Estado por la vía de las regalías que pagaban las concesionarias aumenta. Luego, a partir de 1943 los ingresos del Estado se triplican. Hasta ese año percibía entre el 12 % y el 15 % por las regalías. A partir de la Ley de Hidrocarburos subió la regalía a 16,5 % y con la ley que crea el Impuesto sobre la Renta se pecha en 30 % a la actividad petrolera. De modo que de un viernes para un lunes el Estado pasa de percibir 12 % por cada dólar de exportación petrolera a 46,5 %. Entonces, comienza la carrera de crecimiento inusitado de las arcas fiscales de la República y en pocos años el Estado venezolano comenzó a ser rico, muy rico. Esto se profundiza todavía más con el 50 % y 50 % del presidente Gallegos (1948) y con el 63 % y 37 % del presidente Sanabria (1958), hasta que llega a su cúspide con la estatización petrolera de Carlos Andrés Pérez en 1976, cuando el 100 % del ingreso petrolero pasa a manos del Estado nacional a través de su empresa petrolera recién creada: PDVSA. Añadamos que en 1970 la producción llegó a 3 800 000 barriles diarios con un promedio de 2,5 dólares por barril y que a finales de 1973 con una producción similar los precios se dispararon a 14 dólares por barril. La cantidad de dinero que entró en las arcas públicas fue inimaginable. Es decir: el Estado creció todavía más, se hizo inmensamente rico.

El breve relato anterior es totalmente ajeno a Colombia: una república cuyo Estado ha vivido del cobro de impuestos (a partir de las políticas keynesianas entre la Primera y la Segunda Guerra Mundial) y que no contó hasta años recientes (2006) con una producción petrolera mayor a los 500 000 barriles diarios, que daban para el consumo interno, sin capacidad de exportación. Hoy en día la producción petrolera colombiana ronda el millón de barriles diarios, pero el esquema de la industria petrolera colombiana no es el de la estatización de la industria. En otras palabras: jamás el Estado colombiano ha contado con la montaña de recursos con que contó y cuenta el venezolano. Esto puede ser motivo de envidia por parte de los colombianos hacia los venezolanos, pero es un hecho que la economía de Colombia es infinitamente más sana, más equilibrada que la venezolana. Además, los desequilibrios políticos que se plantean en cualquier país cuya fuente de la riqueza esté exclusivamente en manos del Estado son de tal magnitud que, créanme, a mediano plazo nadie los desearía.

Por todo lo anterior es que los colombianos albergan la imagen de los venezolanos como la de unos hermanos que se sacaron el premio gordo de la lotería y botaron la plata. Y, en cierto sentido, no les falta razón. Habría que ver qué habrían hecho ellos en la misma circunstancia. En todo caso, que en Colombia la riqueza la produce la nación con su trabajo es un hecho incontestable, y que en Venezuela la produce el Estado extrayendo petróleo y vendiéndolo es otro hecho incontestable. Todo este estado de cosas ha llevado a que en el siglo XX las diferencias entre Colombia y Venezuela se hayan acentuado aún más. Son las diferencias entre el hermano pobre y el que se sacó la lotería. No obstante, los últimos cuarenta años de la economía colombiana, razonablemente bien llevada, han conducido a una situación que ahora los venezolanos envidian: un país sin inflación, con crecimiento anual sostenido y con seguridad jurídica. Queda pendiente el tema de la violencia, pero va en camino de resolverse.

Es el momento de recordar que un Estado sin recursos no pudo impedir que la guerrilla ocupara hasta el 40% del territorio nacional y que los carteles del narcotráfico lo pusieran contra la pared. Para lo primero fue necesario el apoyo de los Estados Unidos y el Plan Colombia y para lo segundo también se requirió la asistencia de la inteligencia norteamericana para modificarlo. En Venezuela la guerrilla sobrevivió siete años y fue derrotada. Jamás fue una amenaza significativa. El Estado venezolano contó con los recursos para tener unas Fuerzas Armadas equipadas para la tarea. El hecho señala lo evidente: el Estado venezolano vía explotación petrolera ha sido notablemente más poderoso que el colombiano, a partir de 1914, mientras la empresa privada ha podido crecer con mayor holgura y pertinencia que la venezolana, acorralada por el Estado empresario, el Estado interventor y ahora el Estado socialista. En otras palabras, el «ogro filantrópico» del que hablaba Octavio Paz se ha hecho presente plenamente: un monstruo de mil cabezas que dice trabajar por los humildes de la tierra y termina comprometiendo su desarrollo, como un padre sobreprotector que impide el crecimiento sano del niño. Lo protege y lo asfixia. Este «ogro filantrópico» venezolano no ha podido existir en Colombia: se necesitan los recursos del petróleo en manos del Estado en un 100 % para que el Estado interventor, empresario, socialista pueda respirar a sus anchas. Por supuesto, el esquema tiene un talón de Aquiles: depende enteramente del precio internacional del petróleo, depende de factores incontrolables por Venezuela. Lacerante verdad: la estabilidad económica y política venezolana no depende de factores que ella pueda controlar. Menudo problema. Inexistente o infinitamente menor en Colombia.

Todo el cuadro anterior ha conducido a que el colombiano de a pie y el de a caballo sean muy «recursivos», como dicen allá. Es decir, no cuentan con el Estado para salir adelante en la vida, cuentan consigo mismos y nada más. Volvemos a la metáfora del niño sobreprotegido y el abandonado. Es mucho más probable que los instintos de conservación y superación progresen más en el abandonado que en el sobreprotegido, aunque el primero crece con un amor que asfixia, mientras el segundo con un amor que asfixia por su ausencia. Nada es gratis. Pero sí es cierto que la habilidad laboral del colombiano es asombrosa, que son «recursivos» porque no han tenido ninguna otra alternativa y esto, a la hora de sacar cuentas, añade mucho número a la lista, pesa mucho a favor de una sociedad que quiere ser industriosa y que quiere fundarse en el trabajo.

Un último aspecto que no puedo dejar de comentar es el de la disparidad del conocimiento entre una nación y otra. Me refiero a que a partir de la violencia que estalla en Bogotá el 9 de abril de 1948, y que se prolonga por una década, las emigraciones de colombianos a Venezuela fueron frecuentes. Todavía más, ya en cifras millonarias, fueron las oleadas migratorias como consecuencia del conflicto armado colombiano. Se estima en millones los colombianos que emigraron a Venezuela a partir de 1964 y hasta nuestros días. En su mayoría, por no decir su totalidad, provenientes de la costa y del norte de Santander, pero también de los llanos. Puedo afirmar con seguridad que dos generaciones de venezolanos hemos crecido con los colombianos al lado, codo a codo, como hermanos; de allí que nos sean familiares decenas de vocablos y de expresiones, al punto de que muchos ya forman parte del lenguaje común del venezolano. No ocurre lo contrario; los primeros venezolanos que han emigrado a Colombia son fruto de los conflictos de los últimos años, donde muchos han emigrado a Colombia buscando un futuro y un país menos áspero. Es un hecho evidente que cualquier venezolano a lo largo de su vida entra en contacto con un colombiano por cualquier motivo, aunque no es recíproca esta relación. No sé si podemos extraer grandes consecuencias de ella, pero la consigno como un hecho por considerar.

Debo añadir una advertencia: la experiencia que relato en estas líneas es bogotana y se me puede señalar que Colombia no es solo Bogotá. Es cierto, pero también lo es que la mayoría de los colombianos son habitantes de la región cordillerana del país y que los costeños alcanzan a representar un 20 % de la nación y los llaneros un porcentaje ínfimo, de modo que referir experiencias bogotanas recoge un alto porcentaje del espíritu nacional. Radicalmente distinto, eso sí, del costeño que es, naturalmente, caribeño y tan similar al nuestro que casi no puede consignarse diferencia alguna. La alteridad verdaderamente polar, francamente diferente, es entre los venezolanos caribeños y los colombianos cordilleranos. Los tachirenses, merideños y trujillanos venezolanos forman parte de la misma familia cultural que integran los habitantes del norte de Santander, así como los llaneros venezolanos y colombianos forman un idéntico conjunto cultural. De tal modo que el juego de contrastes que se ensaya en estas líneas solo podía hacerse entre los más diferentes, evidentemente.

Hemos llegado al final de este ensayo impresionista. Podría añadir más observaciones que abonaran aún más la tierra que vengo cultivando, pero no quiero redundar. Varias de las observaciones consignadas intuyo que son valiosas para iniciar un camino de investigación; otras no estoy seguro de que puedan llevarnos muy lejos si halamos el hilo de Ariadna. En todo caso, escribir estas líneas era una deuda pendiente con un país que me recibió con los brazos abiertos en una circunstancia muy difícil de mi vida. Siento una profunda gratitud por muchos colombianos que me tendieron sus manos y llevo a Colombia sembrada en un lugar caliente y privilegiado de mi corazón.

DAVID BUSHNELL: UN HISTORIADOR ENAMORADO DE COLOMBIA

Muy pocos libros de historia de Colombia llegan a doce ediciones y avanzan hacia muchas más. La causa la conocen los lectores: orden cronológico, claridad en la exposición, ciertos matices irónicos y, también, capacidad para escoger los puntos de inflexión y colocarles el acento. Estos son algunos de los logros de un título afortunado: *Colombia. Una nación a pesar de sí misma* del profesor David Bushnell, fallecido a la edad de 87 años, el 3 de septiembre de 2010, en Gainesville, Florida.

Nacido en Filadelfia, con Ph.D. en Harvard en 1951, y con una hoja académica difícil de emular, el historiador Bushnell se interesó por Colombia desde muy joven y consagró sus mejores años a estudiarla. De ese enamoramiento son frutos sus estudios sobre Francisco de Paula Santander, Eduardo Santos, el nacimiento de las repúblicas hispanoamericanas, así como el *bestseller* citado antes, libro de cabecera para todo aquel que quiera tener una llave de la puerta colombiana.

Este tipo de trabajo como el adelantado por el académico, evadido por los historiadores, suele ser abordado los profesores anglófonos con una notable pertinencia. En Gran Bretaña y Estados Unidos no es motivo de sospecha tejer esfuerzos de comprensión global, como sí lo es para cierta historiografía de raigambre marxista, que anatematiza los intentos panorámicos y las biografías. Felizmente, los lectores contamos con quienes navegan a contracorriente de estas ortodoxias y podemos orientarnos en selvas ignotas con un manual para los primeros pasos.

El lector agradece, además, que el profesor Bushnell no dé saltos de garrocha, recurriendo a estrategias narrativas de trastrocación temporal, sino que nos lleve de la mano por una cronología en la que se fijan los hechos y se buscan explicaciones a los acontecimientos. El lector no pide detalles, cuando se trata de una historia política panorámica, pero sí busca la comprensión del conjunto, y eso es lo que ofrece el autor con su libro. Por supuesto, la obra está muy lejos de recordarnos los manuales de historia signados por la elementalidad. Es cierto que no dispone de espacio para grandes dilemas, pero deja escapar una frase reveladora que ilumina a un personaje y sus propósitos, y esto a veces vale más que sesudos análisis.

No en el estupendo prólogo de Álvaro Tirado Mejía sino, en la introducción del libro, el autor se formula interrogantes que solo pueden pronunciarse después de muchos años de convivencia con el objeto de estudio. Se pregunta: «¿qué puede hacer un latinoamericanista con un país donde los dictadores militares son prácticamente desconocidos, donde la izquierda ha sido congénitamente débil y dónde fenómenos como la urbanización y la industrialización no desencadenaron movimientos populistas de consecuencias duraderas?». Pues mucho, habría que responderle a Bushnell y, precisamente, la respuesta es su trabajo. Por supuesto, entendemos lo que quiere señalar: Colombia no contiene los ingredientes clásicos que los académicos del primer mundo buscan en nuestra barbarie: militarismo, izquierda, populismo. Y, ciertamente, en estos sentidos este país es *rara avis*, aunque es imposible dejar de señalar que alberga la guerrilla más antigua del planeta, como si fuera un tesoro arqueológico, un anacronismo o una pieza de Jurassic Park; no sabemos.

Insiste Bushnell en que Colombia no es el objeto arquetipal de los latinoamericanistas y es cierto. Lo son Perú, México y Guatemala, quizás por la fuerza de sus pasados precolombinos y la combinatoria de sus presentes. Lo es Brasil, por la sola razón de su magnitud e importancia estratégica. Lo han sido Argentina y Uruguay, sobre todo por las altísimas cotas alcanzadas por sus literaturas y, ahí sí, por el interés que despiertan las dictaduras militares como expresión anacrónica para el mundo desarrollado. No sigo porque la lista es larga. En todo caso, si bien es cierto que Colombia es atípica, también lo es que ha sido imán para varios latinoamericanistas que se han quedado nadando entre sus aguas toda la vida. Malcolm Deas, Daniel Pécaut, Frank Safford, Anthony McFarlane, para solo citar a cuatro cuyos aportes a la comprensión de la historia colombiana son formidables, por decir lo menos. De Venezuela, por ejemplo, no puede decirse nada similar, salvo los estudios muy valiosos de John Lombardi y algún otro que mi memoria no advierte en este momento. Por el contrario, creo que el interés despertado por Colombia se debe, precisamente, a su atipicidad. Insisto: no militarismo, izquierda históricamente débil y un populismo con el cauce felizmente perdido, pero con guerrillas, algo así como una especie en extinción para un taxidermista europeo.

Con el sentido de nación, en Colombia hay un problema evidente, recogido no solo por Bushnell en este título afortunado, sino también por títulos recientes que historian e indagan en la anatomía de la República. *La Nación soñada* (2006) de Eduardo Posada Carbó y *Colombia. País fragmentado, sociedad dividida* (2002) de Marco Palacios y Frank Safford no pueden ser más elocuentes sobre el particular. Afirma Bushnell:

> El problema de la imagen de Colombia como nación se complica con las ambivalentes características de los mismos colombianos. Además de su tendencia reciente a ser los primeros en subrayar los aspectos negativos del panorama, los colombianos continúan exhibiendo diferencias fundamentales en cuanto a clase, región y, en algunos casos, raza. Es por lo tanto un lugar común decir (y los colombianos son los primeros en afirmarlo) que el país carece de una verdadera identidad nacional, o de un espíritu nacionalista propio, por lo menos si se compara con la mayoría de sus vecinos latinoamericanos.

Conviene recordar que esta introducción fue escrita en 1992 y revisada en 1995. La autoestima de los colombianos ha crecido enormemente en años recientes, cuando la sociedad ha ido resolviendo nudos gordianos que se creían irresolubles. Pero el punto no es este, sino el de la identidad nacional. Viejo tema también irresoluble. Siempre me he preguntado si eso existe. Todavía más, creo que no es posible ni conveniente que una República tienda a tener identidad. Algo distinto a una nación es una república; la segunda, para ser tal, tiene que comprender todos los rasgos nacionales; las naciones tienden a vivir de sus diferencias. Quizás lo que está advirtiendo Bushnell es que en Colombia conviven gentilicios muy distintos, lo que conduce a tener la impresión de que no es una ación compacta. Cuánto mejor, digo yo, que detesto las similitudes uniformadas y me avengo con la pluralidad.

Finalmente, aunque se ha señalado varias veces, no huelga repetirlo. Por ello Bushnell lo hace y les recuerda a los colombianos una joya quizás poco percibida: «Con excepciones leves, Colombia por lo demás había evitado las dictaduras de derecha o de izquierda y permanecido fiel a las fórmulas de gobierno constitucional que se implantaron luego de la Independencia». Es probable que buena parte de lo que está logrando la sociedad colombiana provenga de su apego al marco constitucional y las leyes. No hay otro camino para alcanzar la confianza y el entorno favorable para la generación de riqueza.

EL BICENTENARIO EN TRES LIBROS COLECTIVOS

Un amigo tuvo que hacer una *razzia* en su biblioteca por motivo de una mudanza de un continente a otro, y optó por enviar a las «librerías de viejo» las compilaciones de varios y disímiles autores. ¿El criterio? Si algún trabajo se distinguía, era seguro que el autor lo había incluido en un libro personal, según mi amigo. No soy tan severo porque, en verdad, hay compilaciones valiosas que merecen el trance de una mudanza transoceánica y, si bien es cierto que muchos trabajos son adelantos de investigaciones más extensas, no lo es menos que la suma de fragmentos puede ser esclarecedora. Después de todo, la comprensión de la realidad puede darse, también, por la vía de encajar piezas sueltas cuyo destino es juntarse, para atisbar el campo de la totalidad.

La Universidad del Rosario, en el marco de la celebración bicentenaria, publica un libro de peso: *La Independencia de Colombia 1780-1830*, con prólogos de su rector Hans Peter Knudsen y del historiador Marco Palacios y bajo la dirección académica de Pablo Rodríguez Jiménez. La compilación ofrece novedades que advertiremos luego, además de una pequeña confusión editorial: el director académico en su texto alude a ella como *Historia de la Independencia de Colombia*, cuando en la carátula se lee: *Historia que no cesa. La Independencia de Colombia. 1730-1830*. Tiendo a pensar que el cambio ocurrió después de haberse escrito la introducción de Rodríguez y no se incorporó a su texto. Pero no importa. Lo señalo porque estos gazapos suelen ocurrir cuando el editor deja de darle una mirada final de conjunto.

El trabajo de Leonardo Agudelo Velásquez, «Aspectos militares de la independencia: 1810-1819» entrega precisiones valiosas:

La base del ejército Libertador no la constituyeron militares profesionales que estaban ligados más bien a intereses económicos cercanos a la élite comercial y administrativa española, sino a caudillos y criollos con capacidad probada en la organización de sus propios intereses económicos que deberían, a partir de allí, ingresar en ese terreno que las reformas borbónicas les habían vedado a los nacidos en América: el manejo de los grandes asuntos de gobierno.

Impecable resumen del corazón de las causas independentistas. El ensayo de Rodrigo de J. García Estrada, «La participación extranjera en la independencia de la Nueva Granada, 1810-1830», arroja luz sobre este concurso que, la verdad, ni fue tan exiguo como los nacionalistas xenofóbicos pretenden, ni tan determinante como los contrarios esgrimen. Apunta el autor que el sector dominante de la Iglesia católica colombiana contribuyó con el fracaso de las políticas migratorias del siglo XIX, lamentablemente, dándole continuidad a lo pautado durante el período independentista y, seguramente, colonial.

El texto de Frank Safford, «Fundando la República», se consolida en la interrogación de actas, como debe hacerlo un historiador profesional, y alcanza conclusiones interesantes: era imposible para el Ejecutivo radicado en Bogotá enviar un ejército a Venezuela a reducir al Páez insurrecto, y la única razón era fiscal: no había dinero. De modo que el deterioro republicano fue indetenible por razones de hacienda y, habría que agregar, por la actitud de Bolívar, a quien en estos años la Constitución y las leyes de Colombia le parecían supeditables a las razones de Estado dictadas por él. No en balde se declaró Dictador.

El volumen destaca por los trabajos que versan sobre aspectos que los historiadores decimonónicos descuidaron. El texto sobre «Modas y trajes en la época de la Independencia» de Ricardo Rivadeneira Velásquez; el trabajo sobre la «Medicina y política en la fundación de la nación colombiana: tres figuras médicas representativas de la época de la independencia» de Néstor Miranda Canal, Emilio Quevedo Vélez y Jairo Solano Alonso, son dos formidables ejemplos. Los ensayos en los que se aborda el tema de la pintura, la educación, la participación femenina, el clero, pues ya constituyen tierras más trabajadas por la historiografía, aunque no por ello descartables en la lectura.

La cronología de Luis Fernando Molina Londoño es precisa y útil, así como lo es, y muy señaladamente, el diseño gráfico y la búsqueda de imágenes, por parte de Cristina Londoño Carder, Patricia Londoño Vega y Karim León Vargas. En esto, sin la menor duda, el libro representa un aporte extremadamente valioso. Muchas de las imágenes son poco conocidas, ya que están protegidas en el ámbito de algún museo o porque reposan en algún archivo a la mano de los investigadores, y lejos del lector común.

Con un título que supone un juicio de valor en sí mismo, *El gran libro del Bicentenario,* la editorial Planeta recoge las ponencias del Encuentro Internacional con Nuestra Historia, ocurrido en Cartagena, en octubre de 2009. Con prólogo del presidente Santos y epílogo del expresidente Uribe Vélez, en el libro se encuentran trabajos muy valiosos y otros no tanto. El prologuista constata un signo propio de Colombia. Afirma: «Solo tuvimos un breve período de gobierno militar, entre 1953 y 1957, en el siglo XX. De resto, contra todo pronóstico, hemos seguido manteniendo y fortaleciendo esa democracia y ese constitucionalismo que nos viene dado desde los tiempos de la independencia». Y, si observamos el vecindario, constatamos que no solo es cierto lo dicho por el presidente Santos, sino que Colombia es una *rara avis* en el panorama continental, tan signado históricamente por la bota y la barbarie militar.

Luego, gracias a esa enorme suerte que ha tenido Colombia en despertar interés de por vida en académicos foráneos, pueden leerse ponencias de Anthony McFarlane, Clement Thibaud, David Bushnell, Malcolm Deas, Felipe Fernández-Armesto, Juan Marchena Fernández, Aline Helg, Georges Lomné, Steinar Saether, además de los historiadores del patio. Imposible reseñar las ponencias, pero sí debo advertir que algunas van más allá de los requisitos académicos básicos e iluminan con sus investigaciones un aspecto de la realidad colombiana bicentenaria. El lector advertirá cuáles representan aportes y cuáles un gesto para cumplir con la invitación.

Rutas de libertad. 500 años de travesía es una compilación organizada por Roberto Burgos Cantor, donde se reúnen 31 autores ceñidos al tema que los convoca: la participación de «la población afrodescendiente» en cinco siglos de vida colombiana. Lo primero que salta a la vista es que todo está dicho con un cuidado y respeto tan extremos que casi no se entiende el propósito del libro. Empezando porque los autores de los textos hay que buscarlos al final, en un aparte de créditos y no en el texto mismo, ni siquiera en el índice. A esta incomodidad no se le encuentra justificación alguna, a no ser que se buscara despersonalizar la autoría de los textos como si se tratase de una obra colectiva, pero está visto que estos propósitos no logran otra cosa que hacer borrosa la individualidad y desorientar a los lectores. Las explicaciones que todo lector espera en un prólogo son difíciles de hallar, en medio de una trama eufemística que deja al lector preguntándose qué es esto.

Superadas estas extrañas dificultades, como si se tratase de un texto para iniciados, se accede a un conjunto de trabajos y retratos de interés, que ciertamente iluminan la participación de los afrodescendientes en la vida colombiana. Muchos de los ensayos han sido escritos por profesionales de la historia, otros por narradores, y no hay duda acerca de sus aportes; lo que ocurre es que el volumen no está estructurado como un libro académico sino huyéndole a ello. Habría que preguntarse si tiene sentido hacer esto cuando lo que se logra es la desorientación. Suele atribuirse a los ingleses decir que lo más simple es siempre lo mejor, pero a los franceses se les atribuye pensar exactamente lo contrario.

A estos tres libros se suman otros sobre el tema bicentenario o propiciados por él. En especial la colección Biblioteca Bicentenario de la Universidad Nacional de Colombia, donde puede leerse el texto de Francisco de Paula Santander, *La dictadura de Bolívar*, y el de Luis Vargas Tejada, *Recuerdo histórico*, pero tanto uno como otro requieren una atención especial que sobrepasa estas líneas de advertencia. En todo caso, el texto de Santander que confieso no haber leído nunca antes, entre otras razones porque en Venezuela no se consigue, es revelador, asombroso, indispensable en muchos sentidos para comprender la personalidad laberíntica de Bolívar.

LA DICTADURA DE BOLÍVAR, SEGÚN SANTANDER

Después de mucho indagar por aquí y por allá, alcancé a aclarar una incertidumbre que iba tornándose en enigma. El texto intitulado *Memorias sobre el origen, causas y progreso de las desavenencias entre el presidente de la República de Colombia, Simón Bolívar, y el vicepresidente de la misma, Francisco de Paula Santander, escritas por un colombiano en 1829,* fue probablemente publicado como anónimo en su momento, pero en 1838 el autor reconoció su autoría en sus *Apuntamientos para la historia de Colombia y la Nueva Granada,* y no era otro que el propio Santander. De allí que en la narración el autor apele al subterfugio de referirse a él mismo en tercera persona. Por otra parte, dejo constancia de no haber hallado fuente directa de la publicación del anónimo, en 1829 o en otra fecha, e ignoro si Bolívar llegó a leerlo; sospecho que no.

Recogido antes, entre otras oportunidades bibliográficas, en los *Escritos autobiográficos 1820-1840,* publicados por la Fundación Francisco de Paula Santander, en 1988, ahora la Biblioteca Bicentenario de la Universidad Nacional de Colombia lo edita, en 2010, con el número 9 y prólogo de Rodrigo Llano Isaza, donde no se dan explicaciones bibliográficas sino de otra índole. ¿Han debido darse? Pienso que sí, en particular porque el libro no fue titulado por Santander como *La dictadura de Bolívar,* sino de manera extendida, como citamos antes. De modo que esta licencia editorial hubiera requerido la cortesía de una advertencia, así como un mínimo recuento de la singularidad en cuanto a la publicación de la obra. Veamos el texto.

Lo primero que salta a la vista es el recurso de la tercera persona, pero que realmente no opaca el sentido autobiográfico. Dice Santander sobre sí mismo:

Santander, educado desde bien temprano bajo principios liberales, ciudadano de la Nueva Granada cuyo filantrópico gobierno quizás fue el más republicano de todos los nuevos Estados de América, y alimentado con las doctrinas de los más ilustres abogados de los derechos del hombre, amaba la libertad y tenía una vehemente pasión por las formas republicanas.

Luego, al querer aclarar el origen de las desavenencias, Santander afirma: «Digámoslo de una vez: el proyecto de Constitución que Bolívar trabajó para la nueva República de Bolivia, ha sido el origen de las desavenencias con Santander y de los escandalosos desórdenes ocurridos en Colombia en los años de 1826 y 1827». De tal modo que un republicano confeso, y liberal contumaz, como confesaba ser Santander, no podía convenir con la Constitución de Bolivia, que establecía la presidencia vitalicia y hereditaria. En otras palabras, una monarquía constitucional que vulneraba uno de los principios cardinales de las repúblicas: la alternabilidad en el poder.

Las contradicciones entre el constitucionalismo republicano de Santander y el proceder bolivariano al margen de las camisas de fuerza legales crecieron hasta el paroxismo en estos años. Bolívar en su plan de libertador no quería limitaciones y Santander en su tarea de abogado no entendía que se pudiera proceder sin atención al marco legal, por más que se estuviera en guerra y el estado bélico licenciara algunos atajos. De hecho, el cucuteño cita un párrafo de un carta enviada por el Libertador. Dice Bolívar: «que él no podía restablecer el orden y reunir las partes dislocadas de la República gobernando con arreglo a la Constitución».

A medida que avanza el libelo, a Santander se le suelta la pluma, y va trazando una suerte de glosa de la conducta bolivariana. Son tantos y tan elocuentes los pasajes sobre este particular que es difícil escoger el apropiado. Este, sin duda, es uno de ellos:

A todos los funcionarios públicos los calificaba de ignorantes; los diputados en el Congreso eran a sus ojos necios los unos, locos los otros y, los que menos, enemigos de la Independencia. La Constitución era un código de necedades; las leyes, la ignominia de Colombia; los empleados en la hacienda, defraudadores; los jueves, venales; los republicanos, ideólogos; los censores de la boliviana, pigmeos; solo los militares, que se habían declarado a favor de sus proyectos, eran virtuosos e incorruptibles.

El tono se va agriando cada vez más a medida que avanza el libelo. En una nota al pie de página, el autor revela una práctica bolivariana de dudosa dignidad. Dice:

> Bolívar ha introducido hace diez años la costumbre de que los pueblos lo reciban con arcos triunfales, cohetes, repiques de campana, comitivas, convites y música, y al efecto envía por delante un mensajero con el correspondiente itinerario. Aunque no haya triunfado, debe haber arcos triunfales, y donde no hay tiempo de levantarlos, el cura y los alcaldes son regañados públicamente, y maltratados.

Sacude pensar que sea cierto esto que señala Santander; en todo caso, en su descargo podría decirse que fue Bolívar un adelantado en las prácticas de las campañas electorales y un genio de la propaganda.

Concluye el autor afirmando que el propósito de Bolívar ha sido hacerse del poder absoluto y gobernar a placer aquellos pueblos que arrancó de la dominación española. Como vemos, una ruptura total que, además, se termina de sazonar en una coda intitulada «Nota del autor», donde sus opiniones no pueden pasarse por alto. Dice:

> Bolívar, como hombre de Estado, carece de conocimientos del derecho público, de economía política y de legislación universal. La justicia, la moral y la buena fe, que son las primeras cualidades de un buen magistrado, no le son muy familiares. Como guerrero, no conoce la profesión de las armas, aunque tiene cualidades marciales. Sus campañas tienen más ardides y casualidades que sistema. Sus batallas han sido obra del arrojo de las tropas colombianas o de faltas del enemigo. Por eso son más las que ha perdido que las que ha ganado.

Más adelante, penetra en ámbitos delicados; dice que desde 1819 Bolívar disfruta de una renta de «treinta mil pesos anuales, y a veces de cincuenta mil; va y viene de un extremo al otro de la República sin gastar un maravedí, siempre por debajo de arcos triunfales y a costa de los pueblos».

Concluye con una frase lapidaria: «Si la Independencia de estos ricos y vastos países le es deudora de grandes e importantes servicios, la libertad hasta ahora no le debe ninguno». Nótese la distinción de Santander: una es la independencia y otra es la libertad. En este terreno la acusación no puede ser mayor: «deja a la posteridad una gloria mancillada, un ejemplo execrable y una historia ennegrecida con los colores del despotismo».

¿Son arbitrarias y sin fundamento las acusaciones de Santander? No. Tienen fundamento en la medida en que Santander fue un hombre de leyes republicanas y Bolívar estaba en otro tenor, como lo demuestra la Constitución de Bolivia, abiertamente monárquica. ¿El autoritarismo de Bolívar tenía razones o era producto de su afán de mando absoluto? Santander cree que se debía a su afán dictatorial; otros piensan que tenía fundamento. Lo interesante de este libelo es que argumenta sobradamente a favor de esta tesis autoritaria bolivariana. Lo cierto es que Bolívar fue un centralista toda su vida, que denostó hasta la saciedad del federalismo y la descentralización del poder, así como fue un admirador denodado de Napoleón. Ni un ápice de desperdicio ofrecen estas páginas santanderianas y, seguramente, serán pieza principal en el juicio sensato y comedido que alguna vez podamos hacernos de la figura histórica de Bolívar.

BOLÍVAR BAJO LA LUPA DE DUCOUDRAY HOLSTEIN

Acaba de ser publicado en Colombia, por primera vez en español, el título *Memorias de Simón Bolívar y de sus principales generales* (Terra Firma Editores, 2010), del general Ducoudray Hosltein, traducido del inglés por Juan Carlos Vela Correa. Al traductor le tomó dos años la empresa y se enfrascó en ella sin proponérselo. Estaba buscando información para un trabajo cinematográfico y dio con el libro y, al constatar que no había sido traducido, se empeñó en hacerlo, abandonándolo todo como si se tratase de una misión.

Se editó por primera vez en Boston en 1828 y, al terminar de leerlo, se comprende por qué nunca antes se había vertido a nuestra lengua. Es uno de los libelos más críticos acerca de la vida y personalidad del caraqueño, escrito por alguien que convivió durante dos años con él y no guarda nada debajo de la alfombra. El subtítulo de la obra reza: «Una historia secreta de la revolución y de los eventos anteriores a esta, desde 1807 hasta el presente día». Y, ciertamente, pocas veces hemos leído versiones tan divergentes de la que se ha ido asentando como la oficial. En este sentido, es un libro incómodo, que provoca urticaria en los adoradores fundamentalistas de Bolívar. Para muchos será anatema; otros acusarán al autor de incurrir en exageraciones y para algunos será pieza reveladora de sesgos ocultos o poco conocidos. En todo caso, es un testimonio que no puede obviarse.

El libro comprende 516 páginas en letra pequeña, de modo que la abundancia de asombros es notoria, lo que nos lleva a escoger unos pocos. Antes, respondamos brevemente: ¿quién es Henri Louis Villaume Ducoudray Holstein? Un general franco-alemán que sirvió a Francia en tiempos de la Revolución francesa, que fue agregado al estado mayor bonapartiano, y que recaló en Cartagena en 1814 y fue nombrado comandante del fuerte de Boca Chica hasta diciembre de 1815, cuando tuvo que abandonar la ciudad rumbo a Los Cayos, en Haití. En tal sentido, integra la legión de extranjeros que se sumó a los ejércitos patriotas en condición de militares profesionales, sobre todo cuando las guerras europeas cesaron y buscaban otros destinos.

La experiencia colombiana del general se reduce a dos años; no obstante, sus *Memorias* abarcan veintiuno de la epopeya independentista suramericana. Lo más valioso de su libro reside en su experiencia directa con Bolívar. Menos significativa es la versión que de otros recogió sobre episodios que no vivió directamente, no porque estas versiones no se sustenten en fuentes orales respetables, sino porque lo referido de primera mano por Ducoudray es de la mayor singularidad, y lo otro ya es sabido. En puridad de criterios, las páginas que agregan valor serán bastante menos que las 516 de la totalidad, pero satisfacen al curioso, sin la menor duda.

El título, por cierto, es equívoco, ya que las memorias no son de Bolívar sino del general franco-alemán. Quizás, por algún ardid publicitario de la época el editor apeló a esta denominación, dejando en la retaguardia el nombre de aquel poco conocido general europeo. En todo caso, ignoramos por qué se incurrió en esta imprecisión.

Abunda el autor en análisis sobre estrategias militares articuladas por parte de Bolívar, a quien llega a considerar en este aspecto un ignorante. En esto insiste mucho, al punto de que se queja de no lograr entablar diálogo con el Libertador sobre temas estratégicos, ya que este siempre lo despachaba rápidamente, sin mostrar interés por el asunto y poniéndole temas baladíes de conversación: el traje de los ejércitos napoleónicos; su bigote, el de los oficiales.

Señala cinco momentos de la vida del héroe en que se dejó dominar por la cobardía y abunda en datos sobre su desenfreno amatorio, apuntándolo como un inconveniente grave para la vida militar eficiente. Lo que no explica Ducoudray es cómo este «disoluto», al que dibuja con precisión casi obsesiva, se impuso sobre sus contemporáneos y comandó la gesta independentista. El esmero en explicar los lunares de su personalidad no se acompaña de algo similar acerca de sus virtudes, que algunas tendría, naturalmente. En un diálogo con el almirante Brion, el autor refiere que este le dijo que Bolívar albergaba todos los defectos que él advertía, pero que mirara a su alrededor y escogiera a uno superior a él para la tarea necesaria y no hallaría ninguno. Curiosamente, Ducoudray convino con Brion en la tesis.

En relación con la cobardía aludida por el general franco-prusiano, la verdad es que Bolívar murió en una cama en Santa Marta y no en el campo de batalla, como muchos guerreros. Por algo se cuidaba tanto. Tenía sobradas razones para hacerlo. Eso sí: pocos lo destacan por el arrojo de sus acciones militares personales, si las hubo, sino por sus estrategias y su genio desconcertante, así como por sus cambios de humor y su capacidad excepcional para instrumentar sus sentimientos, tanto adversos como positivos. Cuando de destruir a un enemigo se trataba, era despiadado; cuando ensalzar a un subalterno se requería, apelaba al ditirambo. Por otra parte, no hay que olvidar que el autor es un militar prusiano que está leyendo la personalidad de un caraqueño y, además, este es dueño de una personalidad en muchos sentidos excepcional y expansiva. El cortocircuito es flagrante entre un hombre formado en las aguas claras de la racionalidad y Bolívar, esclavo de sus altas y bajas pasiones, dominado por una búsqueda de la centralización y conservación del poder como ha habido pocas.

Refiere el episodio de la batalla naval que sostuvieron enfrente de Los Frailes, el 2 de mayo de 1816, tres islotes al este de la isla de Margarita, cuando según su relato Bolívar permaneció escondido en una chalupa, mientras los demás arriesgaban su vida. Entonces, afirma: «Yo estuve allí, yo lo vi, él me lo ordenó y yo comandé en su lugar a nuestro cuerpo de oficiales y voluntarios, quienes podrían atestiguar la veracidad de mi relato, si ellos viven fuera de Colombia, no tienen ningún interés en mentir y están fuera de cualquier influencia por parte de él». Esta descripción del autor llega hasta la comicidad y es de las más interesantes del libro, por lo extraña a los cánones heroicos que se han alinderado alrededor del Libertador. Si se hiciera una antología desmitificadora de las glorias del héroe, este relato debe figurar entre los primeros. Es tan humano que es difícil de creer. Solo contamos con la palabra jurada del autor.

En relación con los amoríos bolivarianos, Ducoudray describe con desesperación cómo un ejército entero tuvo que esperar cuatro días en Los Cayos a que Bolívar se saciara con Pepa Machado, para poder zarpar. Esto enardeció al general franco-prusiano, para quien semejante conducta era inadmisible, mientras para Bolívar era algo similar a la costumbre. Afirma:

> El general Bolívar es, tal como todos sus compatriotas caraqueños, bastante apegado a las mujeres y usualmente está acompañado de una, dos o más mujeres en su séquito, además de aquellas por quienes tiene mucho afecto para llevarlas de un lado para otro. Estos amoríos duran normalmente 24 horas o una semana.

Antes, tuvo oportunidad de relatar cómo se perdió la plaza de Puerto Cabello, en 1812, por el mismo motivo: los furores amatorios del entonces coronel Bolívar por la señorita Machado.

Por cierto, habría que indagar sobre la aseveración acerca de la afición de los caraqueños por las mujeres. ¿De dónde habrá obtenido este dato tan difícil de sustentar que, la verdad, este escribidor nunca antes había advertido? No veo cómo puede afirmarse esto sobre un gentilicio, sobre la base de cuáles fórmulas de comparación. ¿Lo señaló para atemperar la exclusiva responsabilidad de Bolívar acerca de sus fulgores amatorios, haciéndolo parte de la conducta de una comunidad a la que pertenecía? Imposible saberlo.

La traducción de este libro al español es un aporte importante; pasa a formar parte de la batería crítica bolivariana, indispensable para conocer al héroe, la que presenta la otra cara de la luna. Me refiero a las obras del coronel George Hippisley (*Narrativa de la expedición a los ríos Orinoco y Apure, en Sur América*, 1819); el libro de José Domingo Díaz (*Recuerdos de la rebelión de Caracas*, 1829); el libelo de Francisco de Paula Santander, *La dictadura de Bolívar*, escrito en 1829; la entrada «Bolívar» en la *New American Cyclopaedia* de Charles Dana, escrita por Carlos Marx en 1858 y la biografía de Salvador de Madariaga (*Bolívar*, 1951), entre otras.

De estos trabajos el autor cita en varias oportunidades el de Hippisley, en particular cuando quiere probar la pluralidad de la vida sexual de Bolívar y, además, aprovecha para denostar del general Carlos Soublette, un personaje a quien Ducoudray detesta sin cortapisas porque cree que sus ascensos militares se deben a su parentesco con Bolívar y a los favores amatorios de su hermana, no a sus ejecutorias.

Confirma el autor algo acerca de la personalidad de Bolívar sobre lo que se ha escrito mucho: su afición por el baile. Apunta que cuando comenzaba a bailar no dejaba de hacerlo por horas y con una concentración asombrosa. También confirma la afición del Libertador por dar caminatas a toda velocidad, en círculos, hablando solo, absorto en algún tema que lo esclavizara temporalmente. Por el contrario, el autor apunta un dato muy poco trabajado sobre la personalidad del caraqueño. Dice: «Durante casi un mes, lo vi tres veces leyendo un libro y cuando lo hizo, este había sido el primer libro que había encontrado en nuestra cabina y no leía por más de media hora». Pareciera que el sosiego indispensable para la lectura no estaba del lado de Bolívar en esos tiempos.

En el capítulo final, Ducoudray intenta un resumen de la personalidad del héroe, dice:

> Los defectos predominantes de la personalidad del general Bolívar son ambición, vanidad, sed por el poder absoluto e indivisible y una gran disimulación. Es muy astuto y entiende a la humanidad mucho mejor que todos sus coterráneos; él hábilmente voltea cualquier circunstancia a su propia ventaja y no escatima ningún esfuerzo para ganarse a aquellos que él sabe le pueden ser útiles en el momento.

La verdad es que estos defectos no son tales para alguien que buscaba el poder de manera omnímoda, como era el caso del redactor de la Constitución de Bolivia. Sin ambición no se alcanza el mando; a Bolívar le sobraba. Vanidad y disimulo suelen ser características histriónicas muy comunes en los hombres obsesionados con el poder y su ejercicio, así como son propias de aquellos a quienes los apuntala un ego desmesurado, y nadie puede negar que Bolívar lo padecía. De modo que, ciertamente, son defectos graves para un demócrata moderno, para un hombre ecuánime y con sindéresis, pero Bolívar no lo era, como se ha demostrado infinidad de veces, y ya no es necesario insistir en ello.

Por último, es de hacer notar que buena parte de la historiografía bolivariana acrítica despacha estos testimonios adversos desacreditando a quienes los escriben. Ese error puede conducir a que no logremos comprender la complejidad de la personalidad de Bolívar, a quien, rindiéndole culto de héroe, lo perdemos en su dimensión humana, infinitamente más interesante.

SIN EL PERIODISMO ¿SE ENTIENDE A COLOMBIA?

La respuesta a la pregunta formulada en el título se articula de inmediato. No se puede entender a Colombia sin la imbricación estrechísima entre periodismo y poder y fue eso, precisamente, lo que desentrañó María Isabel Rueda en su libro *Casi toda la verdad* (Planeta, 2010), entrevistando a cuatro pesos pesados del área (Enrique Santos Calderón, Juan Gossaín Abdala, Yamin Amat Ruiz y Felipe López Caballero) y trazando una semblanza de Álvaro Gómez Hurtado.

Para un observador extranjero, como es mi caso, lo primero que salta a la vista es que el periodismo en Colombia lo han ejercido quienes han desempeñado el oficio sin estudiarlo previamente, como fue en todas partes del mundo antes de que se formalizaran estudios de comunicación social. Más aún, en muchos países no se estudia periodismo como una carrera de pregrado, sino como un entrenamiento para un profesional de un área que se quiere dedicar a la tarea, una vez dueño de una fuente especializada. Muy pocos en las conversaciones explican dónde estudiaron, seguramente porque son tan conocidos en Colombia que no necesitan presentación, pero echo de menos una información que vaya más allá de los datos propios del patio de la casa. Pero a esto ya estamos acostumbrados: en este entrañable país pareciera que todo empieza y termina aquí. ¿Demasiados años viviendo solos, sin mayores flujos migratorios? Quién sabe, los nombres y apellidos de Amat y Gossaín desmienten la especie.

Lo primero: quien formula las preguntas conoce a los entrevistados, su vida y obra, de modo que la pertinencia inflama los textos. Pareciera, a veces, que se tratara de un diálogo entre amigos que no se previó que fuera leído por extraños. Esto es una virtud y un defecto:

se dan por entendidos aspectos que requieren una explicación, pero parece que fue imposible impostar una distancia inexistente.

Enrique Santos explica cómo fue que él y Daniel Samper Pizano abrieron las páginas de *El Tiempo* a opiniones diferentes a las de los dueños del periódico, lo que nos lleva a recordar que casi toda la prensa colombiana nace por razones políticas, y solo desde hace pocos años transita las rutas del periodismo moderno, en un sentido, porque en otros lo hace desde antes. Santos relata historias intramuros de los desafíos que los carteles del narcotráfico representaron para muchos, en aquellos años demenciales en que Colombia se bañó de sangre. Piensa en voz alta sobre los orígenes del paramilitarismo y afirma que no hay manera de entender el fenómeno sin la guerrilla. Le mete el diente al proceso 8000 y termina reconociendo la habilidad de Samper para voltear la tortilla, y la de *El Tiempo* para no terminar de tumbarlo, porque «se les caía encima». Al final, en una de las mejores conversaciones del libro, Santos Calderón nos recuerda que «el periodismo debe ser esencialmente una forma de antipoder» y, claro, uno se queda pensando.

El veterano Juan Gossaín también dice que detesta el poder y cita a su admiradísimo García Márquez, al que seguramente tampoco le gustaba, en la frase aquella que dice «el apetito por el poder es el resultado de la incapacidad para el amor». Gossaín da otras versiones de la trama en Colombia. No es propietario de medios y las presiones sobre su espalda han sido mayores en un sentido y menores en otro. En esta entrevista se siente más el rugido de la intemperie y la postergada vocación de escritor que, finalmente, ahora comienza a encontrar cauce.

El reportaje sobre Gómez Hurtado no tiene desperdicio. Además, añade el valor de entregar pasajes inéditos del diario que llevó durante su secuestro. De allí toma Rueda un pasaje memorable sobre un almuerzo ocurrido en enero de 1959 en una finca de Santandercito. El entonces presidente Alberto Lleras llegó con un radio en la mano oyendo las noticias sobre la entrada de Fidel Castro a La Habana, pletórico de alborozo. Laureano Gómez, otro de los comensales, fue el aguafiestas, diciéndole:

Vea, Alberto, Batista era una afrenta para Cuba y para toda América. También lo fueron los regímenes anteriores, el de Prío Socarrás y el de Grau San Martín. Esos son los ejemplos de caudillismo militar y corrupción democrática que yo detesto. Son productos del trópico. Pero en la mañana de hoy lo he pensado bien. Y quiero decirle una cosa: sería menos grave que Sangrenegra se hubiese tomado a Bogotá. Yo sé quién es Fidel Castro. Estuvo aquí el 9 de abril. Ya desde entonces pertenecía a los cuadros comunistas.

A Yamin Amat se le sale por los poros la casta de reportero, de sabueso de la noticia. Reconoce su deuda con López Michelsen, que le abrió las puertas para su realización profesional y, también, le reconoce a Uribe Vélez el haber salido del encierro en el Palacio de Nariño y haber tomado la calle, para gobernar por primera vez humanizando la figura del primer mandatario. Dice que ese fue el secreto de su respaldo popular. Imposible que Rueda no inquiriera por la pregunta clave en el proceso 8000 formulada por Amat a Botero, la que se dice que salvó a Samper. Afirma don Yamin que Julio Mario Santo Domingo le confesó, y no le dijo que no lo repitiera, que le dio un dinero a Botero para la campaña de Samper y el primero lo guardó en su cuenta, mientras el dinero del cartel de Cali sí lo metió en la cuenta de la campaña. Las páginas de Rueda y Amat parecen transcripciones de un confesionario, donde el nervio por la búsqueda de la verdad está encendido.

La conversación con Felipe López abisma en muchos sentidos. Comienza con una clave: las revistas que más han durado en la historia son las que no llevan firmas de sus periodistas y hacen de la marca una firma. Bajo esa inspiración fundó *Semana*, sin un centavo y con *The Economist* en la cabeza. Dice que no le interesa la política; que el país es injusto con Andrés Pastrana; que a Santos le convinieron electoralmente los pleitos de Uribe con Chávez; que las FARC no volverán a ser lo que fueron. Afirma que en sus 30 años como dueño de medios ha visto que los gobiernos son más serios que los periodistas, al menos mucho más que en otros países tercermundistas. Señala algo sumamente triste: mientras más serios y responsables, menos leídos los columnistas: «los que venden son los bárbaros, los apasionados, los que persiguen a sus enemigos y defienden a sus amigos». Dice que el único equilibrado y con éxito que recuerda es Enrique Santos Calderón. Refiriéndose a la sintonía de Uribe con el país, anota que

«Colombia es un país medio paramilitar, medio narcotraficante, medio rebuscador, medio ladrón, medio evasor de impuestos». No obstante, encuentra que los presidentes que han sido hitos históricos en el siglo XX son López Pumarejo, Alberto Lleras y Uribe Vélez. Si algo se hace evidente en esta entrevista final es que la cercanía natural con el poder conduce a esclarecimientos que los ajenos no alcanzan.

En suma, un libro de una amenidad avasallante, si es que eso es posible. Lleno de rincones, de sobresaltos, de confesiones, de pequeñas historias cuya suma es indispensable considerar. Un libro en clave y abierto a la vez.

LA VIDA PRIVADA EN COLOMBIA

Los dos tomos publicados por la editorial Taurus que comentamos se titulan *Historia de la vida privada en Colombia* y el lector se pregunta después de concluida la lectura: ¿lo son? Se trata una historia de la vida privada en Colombia? Pues no, constituyen un conjunto de 23 ensayos de diversa catadura sobre el tema, encargados por los editores Jaime Borja Gómez y Pablo Rodríguez Jiménez, que dan cuenta de un largo período (entre el siglo XVI y el XX), pero dada la especificidad de cada trabajo no puede seguirse como una historia cronológica, mucho menos como un relato. ¿Esto invalida el esfuerzo? En lo más mínimo; se trata de un libro valioso, útil y con trabajos luminosos en varios casos, pero no es lo que el título anuncia. Ha debido optarse por algo más discreto y cercano a la verdad: *La vida privada en Colombia (Ensayos)* o *Aproximaciones a la vida privada en Colombia*, de manera tal que el lector sepa qué se lleva en las manos. Ciertamente, desde el punto de vista editorial el título escogido es más seductor que los propuestos, pero el lector agradece la exactitud, aunque se sacrifique el *sex appeal* editorial.

La otra observación general antes de señalar algunos textos que nos llamaron la atención se refiere a las ausencias. Imposible no buscar en cualquier «historia de la vida privada» uno o varios textos referidos a la sexualidad. Nada es más privado que ella y, sin embargo, el tema se toca soslayadamente dentro de marcos más amplios. Ninguno se enfoca en este aspecto. ¿Será que nadie lo está trabajando en el mundo académico colombiano? Es posible, y si es así: ¿por qué? ¿No es importante? Se comprende que el tema no se aborde en una historia política, económica e, incluso social, pero en una que se anuncia como «privada» es difícil no advertir su ausencia. Veamos ahora algunos textos.

En el ensayo de Luis Miguel Córdoba Ochoa, «La elusiva privacidad del siglo XVI», en el subcapítulo «La alteración de los hombres en el Nuevo Reino de Granada» apunta certeramente en una condición vivida por los primeros españoles en América que suele olvidarse. Me refiero a la soltería en la que llegaron a estas tierras. Dice el autor:

> … las relaciones sociales que en ellos se desarrollaban eran de una absoluta novedad en comparación con los modelos peninsulares, puesto que eran hombres dominados por la presencia femenina indígena, debido a la ausencia de mujeres españolas, por lo menos en las primeras décadas del siglo XVI, y en donde se fue creando un modo mestizo o indiano de alimentarse, de vestirse, de amoblar las viviendas y de hablar.

Y ciertamente, se nos olvida que la influencia no solo se produjo de Europa hacia América sino al revés y, particularmente, en esta nueva unidad de pareja, extraña, en la que la indígena gobernaba el hogar y el español no intervenía eficientemente. De allí que no sean infrecuentes las relaciones en donde un español recién llegado se asombre de la extrañeza en las costumbres que exhiben los que ya están aclimatados en América. En este trabajo de Córdoba abundan observaciones valiosas.

El trabajo de Aída Martínez Carreño, «La deconstrucción del héroe: tres etapas de la vida de Antonio Nariño» ofrece varias sorpresas para quien no esté muy familiarizado con el periplo vital del personaje. Primero: Nariño llegó a amasar una fortuna importante antes de caer en desgracia. Segundo: no cursó educación formal, era autodidacta. Tercero: estuvo en la cárcel o en el exilio durante mucho tiempo (15 años). Cuarto: no fue mucho lo que la vida le permitió hacer, si lo comparamos con otros héroes de la época, ya que estuvo confinado por largos períodos. Cuando intentó ser vicepresidente constitucional de la República de Colombia, en 1821, dentro del marco de la Constitución de Cúcuta, fue derrotado en elecciones parlamentarias por Francisco de Paula Santander.

En el texto «La vida privada de algunos hombres públicos de Colombia: de los orígenes de la república a 1880» de Víctor Uribe Urán se abordan facetas de la vida íntima de Bolívar, Santander, Mosquera y Núñez. Del primero se precisa su relación con Bernardina Ibáñez. Hija de don Miguel Ibáñez, padre de Nicolasa, la amante de Santander, de quien el autor apunta que tuvo un «romance adulterino» con el general. Aunque el amor más conocido de Bolívar fue el de la esposa del doctor Thorne, Manuela Sáenz, el enamoramiento por Bernardina se expresó con fervor: «no pienso más que en ti y cuanto tiene relación con tus atractivos… tú eres sola en el mundo para mí. Tú, ángel celeste, sola animas mis sentimientos y deseos más vivos. Por ti espero tener aún dicha y placer, porque en ti está lo que yo anhelo…».

Santander tuvo un hijo antes de casarse con Sixta Pontón Piedrahíta. Se le apodaba Pachito y lo tuvo con Paz Piedrahíta Sanz. En cambio, Bolívar, quien sostuvo incontables relaciones amorosas, no tuvo descendencia, lo que nos lleva a pensar que era estéril, como lo han señalado algunas veces historiadores que no comulgan con la mitología bolivariana.

La vida íntima de Mosquera es asombrosa. Nos informa Uribe Urán que a los 18 años ya tenía dos hijos naturales con dos negras esclavas de las haciendas de su familia. Al año siguiente tuvo otro con una costurera de Cartagena. A los 21 años se casó con una prima hermana: Mariana Arboleda y Arroyo, con quien tuvo dos hijos, después de curarse ambos de una gonorrea que él le transmitió a su señora. La cura se concentró en «mercurio, zarza, goma arábica con sal prunela, trementina de Venecia, sal de Saturno mezclada con ruibarbo y agua de malva con linaza». Luego se distanciaron y Mosquera tuvo tres hijas naturales más; dos de ellas de una misma madre: Paula Luque. No obstante, el propio Mosquera reconocía que la mejor amante que tuvo fue una mulata antioqueña, Susana Llamas, con quien estuvo muchos años; incluso se la llevó a Nueva York, hasta que la abandonó en Barranquilla, donde según Uribe erraba en soledad, olvidada.

En 1869 enviudó Mosquera de su única esposa y se empeñó en casarse de nuevo con una sobrina llamada María Ignacia Arboleda. Ella contaba 31 años y él 75. Un mes antes de cumplir 80 años Mosquera tuvo un hijo con su sobrina. No cabe la menor duda de que las pulsiones sexuales y amatorias de este personaje fueron únicas en la historia de Colombia. Un caso destacadísimo de furor erótico hasta el final de sus días. ¿Tuvo incidencia política este rasgo de la personalidad de Mosquera? Creemos que sí y, además, ningún rasgo biográfico de un personaje público, sobre todo si es tan marcado, puede desdeñarse a la hora de estudiar su vida y su obra. El análisis de los procesos sociales solos no basta para comprender la totalidad; las biografías cuentan.

El ensayo de Camilo Monje intitulado «Cafés y clubes: espacios de transitoria intimidad» es indispensable en el conjunto, ya que en Colombia sus élites han sido dadas al ámbito del club con una pasión pocas veces vista en otras latitudes. Precisa Monje que si el club es el lugar cerrado donde las élites se refugian y no pasan por la incomodidad de toparse con desconocidos, el café es el espacio de la clase media que no tiene acceso al club y, sin embargo, tiene iguales pulsiones gregarias.

Partiendo de los clubes clásicos colombianos, el Club del Comercio de Bucaramanga, el Gun y el Jockey Club de Bogotá, el Club Unión de Medellín y el Club Barranquilla, no olvida Monje que también hay clubes de colonias de inmigrantes, aunque con propósitos distintos, ya que los propiamente colombianos es imposible desligarlos de la actividad política y la fascinación nacional por la distinción social y la solera de las familias viejas. Esto último, en verdad, se trata de un rasgo de las élites nacionales: cada integrante de ellas es un genealogista en potencia o en ejercicio.

BORGES EN COLOMBIA

Entre todos los países de América con los que Borges alimentó vínculos, el que mantuvo con Colombia fue sumamente particular. De varios de ellos da cuenta Juan Gustavo Cobo Borda en su libro *Borges enamorado* (Instituto Caro y Cuervo, Bogotá, 1999). Nos informa Cobo que el 2 de julio de 1939 don Danilo Cruz Vélez publicó una reseña en *El Tiempo* sobre la poesía de Borges intitulada «El poeta de las claridades y los abismos de la muerte». Para entonces, el argentino contaba cuarenta años y apenas había publicado tres poemarios y un libro de relatos, de modo que la atención de Cruz Vélez era precisa y sorprendente. Ya en 1952, Jaime Tello, aquel entrañable colombiano que pasó más de la mitad de su vida floreciendo en Venezuela, reseñaba la obra borgiana, mientras la lectura de sus libros era práctica creciente entre los lectores cultos de Bogotá.

En esta misma línea de atención colombiana a su obra, por iniciativa del profesor Ramón de Zubiría, entre otros académicos, la Universidad de Los Andes tomó una decisión pionera en 1963: le confirió el doctorado *honoris causa*, irguiéndose como la segunda universidad que se lo otorgaba (la primera fue la Universidad de Cuyo, en Argentina) y la primera fuera de su patria. Nueva señal de atención adelantada. Luego vinieron muchos doctorados *honoris causa*. Los de Columbia y Oxford (1971), East Lansing (1972), Cincinnati (1976), Chile (1976) y La Sorbona (1977), sin contar las condecoraciones que recibió, que fueron muchas.

De aquella primera visita en 1963, a la que vino con su madre, Leonor Acevedo de Borges, queda el recuerdo de una conferencia sobre Lugones y su participación el 14 de diciembre en la emisora HJCK, en un acto de inauguración de nuevos equipos. También, de aquella estancia, presumiblemente en el hotel Continental de la avenida Jiménez de Quesada, surgió un poema que el autor tuvo la simpatía de dejar constancia de haberlo escrito aquí. Se titula «Elegía» y está recogido en *El otro, el mismo* (1964), conjunto al que Borges consideraba su mayor logro poético.

Elegía

Oh destino el de Borges,
haber navegado por los diversos mares del mundo
o por el único y solitario mar de nombres diversos,
haber sido una parte de Edimburgo, de Zurich, de las dos Córdobas,
de Colombia y de Texas,
haber regresado, al cabo de cambiantes generaciones,
a las antiguas tierras de su estirpe,
a Andalucía, a Portugal y a aquellos condados
donde el sajón guerreó con el danés y mezclaron sus sangres,
haber errado por el rojo y tranquilo laberinto de Londres,
haber envejecido en tantos espejos,
haber buscado en vano la mirada de mármol de las estatuas,
haber examinado litografías, enciclopedias, atlas,
haber visto las cosas que ven los hombres,
la muerte, el torpe amanecer, la llanura,
y las delicadas estrellas,
y no haber visto nada o casi nada
sino el rostro de una muchacha de Buenos Aires,
un rostro que no quiere que lo recuerde.
Oh destino de Borges,
tal vez no más extraño que el tuyo.

Bogotá, 1963

Como era su costumbre entonces, imaginamos a doña Leonor copiando el dictado de este poema en una habitación del hotel Continental. Dos años después, Borges contrajo nupcias con Estela Canto, una señora entrada en años, muy distinta de esta muchacha porteña que le hacía suspirar. De aquel matrimonio, que duró dos años, Borges no conservaba ningún recuerdo favorable.

En aquella oportunidad se juntaron el entusiasmo de Zubiría con el del ministro de Educación, Pedro Gómez Valderrama y su jefe de Extensión Cultural, el poeta Fernando Arbeláez, ambos ya iniciados borgianos, quienes remaron juntos para traer al escritor quien, dicho sea de paso, todavía no era Borges, sino un autor argentino seguido por unos cuantos despiertos lectores. En aquella oportunidad fue solo (sin su madre) a Medellín y era tan desprovisto que no fue nadie investido de alguna oficialidad a recibirlo al aeropuerto Olaya Herrera, sino cuatro estudiantes de cuarto año de bachillerato que habían leído *El Aleph* y querían conocerlo. Alfredo de los Ríos, Jorge Molina, Juan Gustavo Mesa y Darío Jaramillo Agudelo sirvieron de guías en el taxi para llevar a Borges hasta el hotel, donde de paso lo entrevistaron y, como siempre, hallaron la natural cortesía del poeta, quien respondió fascinado las preguntas de los futuros bachilleres.

En la pesquisa que adelantamos leímos que estuvo de vuelta en 1965, pero no hallamos ninguna constancia de ello, lo que nos lleva a pensar que fue una visita fantasmal o inexistente. Sí hay constancia de la visita de 1978 a Bogotá, donde se le declaró «Ciudadano meritorio». Entonces participó en una mesa redonda en la Biblioteca Nacional en la que estuvo el que con el tiempo se dedicaría esmeradamente al estudio de su obra: Cobo Borda. No imaginó Cobo que a los pocos años viviría en Buenos Aires y podría frecuentar al poeta junto con José Bianco y el legendario Adolfo Bioy Casares.

Sabemos que regresó a Medellín en esta vuelta al país, ya que el Instituto Metropolitano de la Alcaldía publicó un libro de fotografías y textos, donde ya se le ve con María Kodama al lado. Tres años antes, en *El libro de arena* (1975), Borges recogió el único relato de tema amoroso que escribió en su vida: «Ulrika» y, como se sabe, en él lleva implícito un homenaje a Colombia. Los hechos ocurren en York y el personaje central se llama Javier Otálora. Un diálogo del relato se ha hecho archifamoso por razones obvias. Lo cito:

> Nos presentaron. Le dije que era profesor en la Universidad de los Andes en Bogotá. Aclaré que era colombiano.

Me preguntó de un modo pensativo:
–¿Qué es ser colombiano?
–No sé –le respondí–. Es un acto de fe.
–Como ser noruega –asintió.

Ahora permítanme algunas líneas personales. La edición colombiana de la poesía y los cuentos de Borges, impresa por Lumen, me ha llevado a incurrir en un placer que me procuro con alguna frecuencia: la lectura de sus textos. Creo que además del gusto desnudo de su obra, volver sobre sus páginas es terapéutico: nos redime de la lectura de tantas piezas lejanas a la perfección, nos desintoxica. Lo mismo hago cada siete años, más o menos, con *El Quijote*, al que le dedico dos semanas de felicidad, entre carcajadas, lágrimas y sonrisas.

Cada vuelta de tuerca me satisface más la poesía de Borges. Su habilidad para las enumeraciones es sublime, así como la elegancia con que coloca el adjetivo. En estas tareas, no recuerdo a nadie que lo iguale. Sus obsesiones son conocidas y, la verdad, en algunos casos ingenuas. La fascinación por la batalla de Junín, donde participó su antepasado, revela el imán que le producía lo que él no era: un hombre de acción, un hombre sacudido por el dilema entre el coraje y la cobardía. La fuerza evocadora y melancólica de su palabra poética es notable, así como su capacidad plástica para colocarnos en ámbitos donde las imágenes repotencian el espíritu. En su poesía, al igual que en sus relatos y sus ensayos, nada es gratuito. Quiero decir: todo vocablo responde a un objeto y un plan que, por lo general, surge de la frecuentación de una tesis filosófica, una idea, una imagen subyugante, un planteamiento o, también, una construcción fantástica, enigmática e imposible. Como todo autor culto, que trabaja con las ideas; su obra comprende tanto el constructo intelectual como el de la imagen elocuente.

En sus relatos y ensayos ocurre lo mismo. Entre sus cuentos se hallan varias obras maestras y cada lector cautivo del maestro argentino tiene derecho a hacer su lista. Alguna vez leí toda la obra cuentística de García Márquez en forma cronológica, buscando el texto en que estallaba el genio. Entonces, advertí que la maestría asomaba su rostro en *Los funerales de la Mamá Grande* (1962). En particular, en «La prodigiosa tarde de Baltasar». Allí está el punto de inflexión.

En la cuentística borgiana me permito disentir sobre la significación de «Hombre de la esquina rosada», su primer relato celebrado, y opto por casi todos los textos de *Ficciones* (1944), acaso su libro con mayor cantidad de piezas memorables. «Tlön, Uqbar, Orbis Tertius»; «Pierre Menard, autor del Quijote»; «Las ruinas circulares»; «El jardín de senderos que se bifurcan»; «Funes el memorioso»; «La muerte y la brújula»; y «El Sur», son textos de tal magnitud que bien podrían ser tenidos como una selección antológica de una obra vastísima y no un libro solitario. Con el libro *El Aleph* (1949) pasa algo parecido, pero de menor intensidad. Luego, la íngrima joya de *El informe de Brodie* (1970), una de las cúspides de la literatura fantástica, es seguida por *El libro de arena* (1975), un conjunto de menores aciertos, pero sin duda borgiano en su entidad y, además, continente del relato amoroso (y colombiano) ya aludido.

POLIEDRO GARCIAMARQUIANO

TODOS LOS CUENTOS

No me cuento entre los que despachan la obra de García Márquez fácilmente, como si fuera un libelo sin importancia. Y se cuentan por docenas los que pasan por el filo al narrador. Los motivos que he oído son diversos: su narrativa es lineal y no representa un paso hacia adelante, sus temas son fáciles, su discurso está lleno de fórmulas para embelesar europeos, es un escritor para las grandes mayorías. Esta última, quizás, revela el motivo del desprecio. García Márquez ha logrado lo que nadie alcanza: escribe maravillas y, ¡oh milagro!, le gustan a la mayoría. Como los Beatles, como Shakespeare, como Steven Spielberg, como Cantinflas, las obras del narrador colombiano se venden en casi todo el globo terráqueo y, como recuerda siempre un amigo, el éxito difícilmente se perdona.

Toda esta perorata viene a cuento para referirles que traje de Bogotá una edición de todos los *Cuentos 1947-1992* del autor vecino, publicada por Norma de Colombia. Quería darme una fiesta por un buen rato y pasé, entre un libro y otro, tres meses leyendo uno por uno los relatos que forman el tomo. Quería, además de bailar y beber en el sarao, ver cómo fue la evolución de la cuentística del periodista y escritor. Releer, como sabemos, tiene sus bondades y sus desencantos, pero vayamos paso a paso, a ver si logro transmitir mis impresiones.

El primer libro de cuentos del Gabo es de 1947 y se titula *Ojos de perro azul* y es, en el conjunto de sus libros de cuentos, el más flojo, el primero. De los once textos, tan solo uno es una pieza comparable a las que escribiría más adelante, me refiero a «La mujer que llega a las seis». Ignoro por qué el autor no lo escogió para que le diera título al libro y prefirió «Ojos de perro azul», a todas luces un relato de menor envergadura. Les recuerdo: «La mujer que llega a las seis» es un policial armado con un ingenio de relojería, cocinado en los diálogos entre una mujer encantadora y un tonto que la sigue enamorado, detrás de la barra en que a diario atiende. Este texto, al igual que casi todos los demás, tiene a la muerte por protagonista. Es curioso constatar cómo la parca obsesiona temáticamente a García Márquez desde sus comienzos. En este primer libro no da tregua con este afán.

Además debo anotar que el lenguaje aún no ha adquirido su brillo característico. En verdad, esto ocurre con su segundo libro de cuentos, *Los funerales de la mamá grande* (1962). Allí, lo que se anunciaba en *Monólogo de Isabel viendo llover en Macondo* madura vivamente: «La prodigiosa tarde de Baltazar», «Un día después de sábado» y el que le da título al libro son los más redondos. Las concesiones costumbristas de su primer libro comienzan a ceder ante la impronta personal del narrador. Su lenguaje se va ajustando sin dejar resquicios para que brille la llama poética de su mejor dicción.

Las vaguedades son suplantadas por las precisiones de la poesía, por el poder de las imágenes, por las frases larguísimas y como imantadas por una música elegante. Comenzar a leer es no poder parar: el lector comienza a ser encantado. Lo que no puede ser pasa a ser posible.

La increíble y triste historia de la cándida Eréndira y su abuela desalmada fue publicado en 1972. Ya *Cien años de soledad* había salido al mundo a conquistar lectores. El título recoge relatos de tiempos diversos: «El mar del tiempo perdido» es de 1961, fecha en que el narrador busca escapar de la notoriedad como quien huye de la peste: «La fama que perturba el sentido de la realidad, tal vez casi tanto como el poder». Los mejores son «Un señor muy viejo con unas alas enormes» y el que le da título al volumen. Ambos signados por el realismo mágico que tanta entidad le ha dado a su obra. Aquel ángel que cae en el patio de la casa tiene el poder de removernos las fibras mitológicas y atávicas más profundas. En casa de mis padres había un disco donde el autor leía este cuento con toda la monotonía del mundo. Las frases son largas y parece que no hubieran podido ser escritas de otra manera. La escritura de este cuento es un prodigio que apuntala la maravilla de la historia. La fascinación de «La cándida Eréndira» es otra: la relación terrible, subyugante y atroz que se crea entre la abuela invencible y la niña esclavizada. La fatalidad signa las páginas como si una maldición y el destino hubieran acordado proferirle un infierno a la juventud, por parte de las mañas de la vejez.

Esta extraordinaria historia de una sujeción, de un precio, de un oprobio que a veces usa guantes de seda y a veces un martillo. ¿Por qué «El mar del tiempo perdido» fue publicado aquí y no en *Los funerales de la Mamá Grande*? No lo sabemos, pero su sitio no parece ser este de 1972.

Entre la fecha de aparición de *La cándida Eréndira* y *Doce cuentos peregrinos* han pasado 20 años y, a diferencia de los tres primeros, este cuarto título lleva un prólogo escanciado de confesiones; veamos algunas: «Se me hizo claro que este libro no debía ser una novela, como me pareció al principio, sino una colección de cuentos cortos, basados en hechos periodísticos, pero redimidos de su condición mortal por las astucias de la poesía». Más adelante agrega: «El cuento, en cambio, no tiene principio ni fin: fragua o no fragua. Y si no fragua, la experiencia propia y la ajena enseñan que la mayoría de las veces es más saludable empezarlo de nuevo por otro camino, o tirarlo a la basura».

Ciertamente, el legendario rigor de García Márquez flaqueó en esta oportunidad: ¿qué hacen en este libro dos textos como «Espantos de agosto» y «La luz es como el agua»? Son prescindibles, gratuitos. Más aún si consideramos que comparten lomo, tapa dura y propósitos con una joya, «El rastro de tu sangre en la nieve», y con otro relato policial de factura impecable, «El verano feliz de la señora Forbes», sin olvidar la pesadilla de «Solo vine a hablar por teléfono». Con «El rastro de tu sangre en la nieve» al narrador le habría bastado para inscribir su nombre en la lista de los maestros del cuento; por donde se le mire es un prodigio de precisión, de lenguaje y de belleza.

La organización cronológica de sus relatos deja, por lo menos, dos factores al descubierto: el trabajo va puliendo las piedras, pero no por mucho haber crecido se dejan de cometer errores del principio. Las debilidades de un maestro equivalen a los triunfos de sus discípulos. El esfuerzo por alcanzar la excelencia es siempre el mismo. La batalla que libra el narrador con «La tercera resignación», en 1947, es igual a la que emprende en 1976 con «El rastro de tu sangre en la nieve», pero los resultados son distintos. Aunque parezca increíble, todavía el cuentista no ha dicho su última palabra.

GARCÍA MÁRQUEZ, SECUESTRADOR

No tiene la menor importancia que *Noticia de un secuestro* sea o no una novela. Es un libro que se compra un sábado en la tarde y ya para el atardecer del domingo es cosa pasada. Claro, quién puede leerse un tomo de 336 páginas cerrándolo solo para dormir, sin haber sido cautivo de un vértigo. El lector, como los rehenes, ha sido secuestrado en el laberinto de una pesadilla. El artífice de esta confiscación ha demostrado que sabe hacerlo.

Todo parte de la proposición que Maruja Pachón y Alberto Villamizar le hicieran a García Márquez el año 1993. Maruja estaba dispuesta a contarlo todo, y Alberto también, pero con el correr del relato el autor necesitó otros secuestros para completar la batería. Así fue como las tramas de unos y otros se fueron solapando y los lectores fuimos invitados a la situación límite de Marina Montoya, Diana Turbay, Pacho Santos, Beatriz Villamizar de Guerrero, Hero Buss, Juan Vitta, Richard Becerra, Azucena Liévano, Orlando Acevedo y Maruja Pachón. El narrador nos lleva por las circunstancias de la aprehensión de cada uno de ellos hasta que todos están a las órdenes del personaje escalofriante que va creciendo con la historia: Pablo Escobar Gaviria, el jefe del Cartel de Medellín, que urdió estos secuestros y tuvo en jaque al gobierno del sortario César Gaviria.

Los lectores de novela negra pueden darse un banquete. Lo mejor de su cocina está aquí: suspenso, verosimilitud, perfil de los personajes, sorpresas y la intuición de que una mano oculta mueve las fichas como si jugara ajedrez para ganar. En la página de gratitudes, García Márquez desliza una confesión al referirse a quienes entrevistó para hacer su trabajo; dice: «Su dolor, su paciencia y su rabia me dieron el coraje para persistir en esta tarea otoñal, la más difícil y triste de mi vida». Pero no fue en vano, porque *Noticia de un secuestro* es una suerte de exorcismo del horror que ha sufrido Colombia. Y también es hacer de aquel horror una historia que solo admite calificativos extremos: horrible y conmovedora. En buena medida nos llevan de la mano por las fuerzas insospechadas que tiene la gente en las situaciones más infames. Tomamos el agua de los pantanos de la desesperanza y de la ilusión. Constatamos, una vez más, que la vida pende de un hilo. Asistimos a la fiesta de la iniquidad y la estulticia.

El poder del ajedrecista y el del gamberro inundan las páginas del libro, así como el rostro de la muerte que, no en balde, ha sido una de las obsesiones centrales de toda la obra de García Márquez. Sin embargo, el propio autor, cuando se siente hundido frente a la desolación que invade sus pesquisas, se va por la tangente y pone a brillar sus dotes maravillosas, su entusiasmo. Me refiero al final estremecedor cuando Maruja Pachón regresa a su casa bañada en lágrimas ante el júbilo de los vecinos y el jolgorio de su familia. Aludo a los pasajes enternecedores cuando el sacerdote García Herreros entra en escena como negociador de la entrega de los rehenes a cambio de la cárcel de Escobar Gaviria. Este personaje logradísimo por el aderezo garciamarquiano se junta al retrato preciso que se hace de Rafael Pardo y a las descripciones del carácter del general Maza Márquez, jefe del DAS para la época de los acontecimientos. Quizás sea en el perfil de los personajes donde el autor llegue más alto. En tal sentido, es notable el dibujo que hace de los guardias encargados de la custodia de los rehenes y de la relación entre ambos.

Pocas veces se permite reflexiones nacidas al margen del río, pero absolutamente pertinentes. Una de ellas cobra especial interés por la famosa curiosidad que siente García Márquez por el poder, sus mecanismos y sus protagonistas. Al referirse a Diana Turbay Quintero, hija de un expresidente y, como tal, familiarizada con los resortes del mando, expresa: «Pero el poder —como el amor— es de doble filo: se ejerce y se padece. Al tiempo que genera un estado de levitación pura, genera también su contrario: la búsqueda de una felicidad irresistible y fugitiva, solo comparable a la búsqueda de un amor idealizado, que se ansía pero se teme, se persigue pero nunca se alcanza».

Si bien en *El amor en los tiempos del cólera* el narrador profundiza en la naturaleza del amor y de la aventura de la pareja, de la compañía, por otra parte, en *El otoño del patriarca* y en *El general en su laberinto* la indagación lleva al autor por los vericuetos del poder, que es casi decir lo mismo que la soledad. Esta vez, y a niveles paroxísticos, García Márquez navega por las aguas que le son más conocidas sin olvidar una de sus facultades más preciadas: el conocimiento del alma femenina. Aquí está su extraña intuición en guardia para saber lo que ansían las mujeres, el motivo de sus reacciones inexplicables.

El método escogido por el autor recuerda lo que hizo Truman Capote en *A sangre fría*, y tienen en común el gesto de abrirnos las puertas de la criminalidad, de la psicología de los asesinos, de los que viven al filo de la muerte. En ambos libros queda demostrado un viejo lugar común: «La realidad es superior a la imaginación». Dicho de otro modo: los infiernos imaginados nunca son peores que los reales.

LAS MEMORIAS DE UN MONSTRUO

Hace diez años en Sintra, un hermoso pueblo cercano a Lisboa, conocí a una mujer que había escrito con García Márquez. El estado mexicano le había otorgado una beca de por vida al escritor colombiano, residente en ciudad de México, y el hijo de Luisa Santiaga Márquez Iguarán iba a declinar por escrito la pensión otorgada, transfiriéndole el monto a una institución cultural. Para ello le propuso a la mujer que me refirió el relato que lo ayudara en el trance. Solicitaron una computadora en el hotel en el que estaban, en Guadalajara, y se encerraron a escribir cuartilla y media, unos 2000 caracteres. La experiencia fue obsesiva. En medio de las mayores dudas, con el mayor cuidado, como si de un relojero de piezas antiguas se tratara, el hijo pródigo de Aracataca avanzó a tientas hasta terminar el texto. Borrones, cambios de párrafo, vueltas a empezar, de pie, sentado, viendo por la ventana, así logró dictar 2000 caracteres perfectos, después de ocho horas de trabajo.

Refiero esta anécdota porque quienes no se dedican a la escritura suelen cultivar la superstición de que es fruto de la inspiración. Nada más falso. Uno de los grandes placeres que pueden experimentarse es la lectura de piezas perfectas, redondas, como lo son muchas páginas de Jorge Luis Borges y, por supuesto, de Gabriel García Márquez. La música que estos autores logran arrancarles a las palabras es hija de un trabajo de orfebre, de un tono buscado durante años, de una suerte de materialización de un espíritu que se va tramando en la interioridad. Quienes hemos probado este veneno no podemos trasegar escrituras descuidadas, que representan un irrespeto para el lector, como ocurre con algunas páginas de Carlos Fuentes, escritas a la carrera. Escribir es un acto de amor y de respeto hacia el destinatario de las palabras.

El primer tomo de las memorias del esposo de Mercedes Barcha, *Vivir para contarla* (Grupo Editorial Norma, Bogotá, 2002), recoge la primera etapa de su vida. Podría decirse que ausculta los amores de sus padres, y la estirpe de sus abuelos, para ir y venir a lo largo de 27 años que van, desde la fecha de su nacimiento, el 6 de marzo de 1928, hasta julio de 1955, mes en el que es enviado por el diario *El Espectador* a Ginebra, por quince días, pero se queda tres años en Europa.

Las memorias están estructuradas alrededor de 8 capítulos que suman 579 páginas, escritas todas con la endemoniada precisión y el lujo verbal que señalé en el primer párrafo. El primer capítulo se centra en la rememoración de un personaje central de su vida: la madre, quien falleció el 9 de junio de 2002, cuando contaba 97 años de vida y, según su hijo: «el mismo día y casi a la misma hora en que puse el punto final a estas memorias». En este segmento trabaja el ámbito de su pueblo natal, Aracataca: suerte de cantera de casi toda su obra; así como la figura del padre, algunos personajes del pueblo y, sin duda, la casa familiar.

El segundo capítulo brilla por la fulgurante y entrañable estampa que hace de su abuelo, el coronel Nicolás Márquez, inspirador del coronel Aureliano Buendía. Pero también allí se detiene en la influencia femenina: «Pienso que mi intimidad con la servidumbre pudo ser el origen de un hilo de comunicación secreta que creo tener con las mujeres, y que a lo largo de la vida me ha permitido sentirme más cómodo y seguro entre ellas que entre hombres». Surgen, también, los primeros integrantes del grupo literario y periodístico de Barranquilla, que va a ser fundamental para la educación de su sensibilidad. Las puertas de William Faulkner, el autor que confiesa haber influido más en su obra, se abren entonces para el costeño. También se le entregan los primeros relatos de un autor argentino, medianamente conocido entonces: Jorge Luis Borges.

Luego sobrevienen la iniciación sexual con las putas de Barranquilla, la educación con los jesuitas de la misma ciudad, los rigores de la pobreza paterna, el primer viaje a Bogotá, hasta el acontecimiento de una lectura capital: *La metamorfosis* de Kafka «que definió un camino nuevo para mi vida desde la primera línea». En aquella primera estadía bogotana, también, prendió en él el fuego del periodismo, por intermedio de Elvira Mendoza, hija de Plinio Mendoza Neira, hermana de la venezolana Soledad Mendoza, y del itinerante Plinio Apuleyo Mendoza, excepcional periodista y escritor: «Con el reportaje de Elvira tomé conciencia del periodista que llevaba dormido en el corazón, y me hice al ánimo de despertarlo». De aquellos años viene, además, una creencia que se mantiene incólume: «la supremacía del cuento sobre la novela».

Quizás estas sean las páginas más electrizantes del libro: las que recogen la experiencia del asesinato del líder liberal Jorge Eliécer Gaitán, al que le sucedió un pueblo enardecido, que incendió media Bogotá y que abrió un capítulo de violencia colombiana que, según algunos, encuentra continuidad en los días que corren: «aquel 9 de abril de 1948 había empezado en Colombia el siglo XX». Estos días bogotanos son los de la frecuentación de la amistad de Camilo Torres y de los estudios, no deseados, de derecho.

En el capítulo sexto asoma el escritor, y el lector asiste a una valiosa teorización acerca del arte de la novela. Se revela el trasfondo verídico de *Crónica de una muerte anunciada*, y aparece por primera vez la joven Mercedes Barcha, con quien contraerá nupcias pocos años después. La ristra de hermanos García Márquez son retratados en este capítulo: diez después del primogénito, Gabriel.

En el siguiente tranco, Álvaro Mutis se presenta como el amigo espléndido que siempre ha sido. Entonces fue una llave para abrir la puerta de la vida artística colombiana, además de haber puesto al autor en el camino de una pasión que lo ha acompañado toda su vida de escritor: la música clásica, en particular la de cámara. El capítulo final nos ofrece las peripecias del periodista de *El Espectador*, ya autor de *La hojarasca*, y de un reportaje que hizo historia en el periodismo colombiano: *Relato de un náufrago*.

El segundo tomo, que ignoramos para cuándo se espera su aparición, seguramente trabajará su vida caraqueña. Este, que se lee como suele leerse a García Márquez, como una exhalación fervorosa, confirma el título de este trabajo. El vocablo monstruo viene del latín *monstrum*, que no significa otra cosa que lo que alcanza este colombiano con sus memorias: un prodigio que, hay que decirlo, más que buscar el sesgo confesional, en ningún momento se separa de su nuez más preciada: su extraordinaria capacidad narrativa, sus dotes de creador de caracteres. De hecho, se trata a sí mismo como tal, como uno de sus personajes: aquel que va por el mundo en ocurrencia de aventuras que nunca ha buscado, y de las que no es responsable. Maravilloso artilugio de un fabulador que no abandona su estirpe.

CATORCE MESES EN LA SUCURSAL DEL CIELO

El avión procedente de Londres aterrizó en Maiquetía el 23 de diciembre de 1957. Entre los pasajeros se encontraba un flaco de 29 años, que respondía al nombre de Gabriel García Márquez, y que era esperado por dos paisanos entrañables: los hermanos Plinio Apuleyo y Soledad Mendoza, hijos del exembajador de Colombia en Venezuela: Plinio Mendoza Neira. El director de la revista *Momento*, Carlos Ramírez Mac Gregor, por insistencia de Plinio, le había colocado un pasaje en *Heathrow* para que se viniera a trabajar con él. Los hechos se iban a precipitar muy pronto, y el reportero tendría la oportunidad de relatarlos. La secuencia se inicia el 1 de mes y concluye con la huida de Pérez Jiménez el 23 de enero de 1958 en «La Vaca Sagrada» desde el aeropuerto de La Carlota. Para entonces, ya el hijo de Luisa Santiaga vive en la urbanización San Bernardino, en un apartamento del edificio Roraima. Este joven desconocido solo había publicado *La hojarasca* (1955), y ya había escrito *El coronel no tiene quien le escriba*, que va a publicarse por primera vez en la revista *Mito* de Bogotá (mayo-junio 1958), cuando su autor está escribiendo, en calzoncillos, asediado por la bochornosa humedad caraqueña, los relatos que formarían *Los funerales de la Mamá Grande,* publicado en México en 1962.

Son varios los honores que enorgullecen a los caraqueños garciamarquianos. La escritura en este valle de los toromaymas de relatos fundamentales para el florecimiento de sus recursos narrativos: «La siesta del martes», «En este pueblo no hay ladrones», «La prodigiosa tarde de Baltasar», «La viuda de Montiel» y «Rosas artificiales». Diría más: en estos textos ya se expresa el gran narrador. Curiosamente, y vinculado con la escritura de los relatos referidos, una mínima espina en el corazón le fue clavada en Caracas al premio Nobel: uno de los mejores cuentos que ha escrito, «La siesta del martes», fue enviado por su autor al Concurso de Cuentos de *El Nacional*, en 1958, y el jurado no lo advirtió. También, curiosamente, el tribunal estaba integrado por uno de sus grandes amigos después, Miguel Otero Silva, y por Juan Liscano y Juan Oropesa. Ha debido ser una decepción más para aquel muchacho que venía de divagar por el mundo buscando las palabras exactas, y sobreviviendo en su condición de corresponsal extranjero.

También entre nosotros surgió el propósito, que se materializará muchos años después, de escribir una novela sobre el dictador latinoamericano: *El otoño del patriarca*. A la caída de Pérez Jiménez, García Márquez se enfrascó en la lectura de todo lo que halló sobre el mito del caudillo, con la abundante bibliografía gomecista a la cabeza, pero también con hechos recientes a mano: Perón, Trujillo, entre otros. No obstante, el proyecto de novelar la vida de Bolívar no surge en estos años caraqueños, sino después, cuando ciertamente tuvo que venir varias veces a la capital en busca de información.

En marzo de 1958 García Márquez le pidió permiso a Ramírez Mac Gregor para ausentarse cuatro días y voló a Barranquilla para casarse con Mercedes Barcha, el 21 del mismo mes. De modo que la vida marital de la pareja se inicia al pie del Ávila, entre arroces quemados y el desorden característico del autor. Poco tiempo después, por solidaridad con Plinio que entró en pleitos con Ramírez Mac Gregor, el recién casado también renunció a la revista *Momento*. A las pocas semanas consiguió trabajo con Miguel Ángel Capriles como jefe de Redacción de la revista *Venezuela Gráfica* a partir del 27 de junio de 1958. Para entonces ya tomaba café en Sabana Grande y se relacionaba con los escritores del grupo Sardio. En aquel hiato laboral, además, se aficionó a bajar al litoral con grupos de amigos, entre quienes nunca faltaba el clan de los Mendoza. Le tocaba lidiar, entre chanzas y veras, con los comentarios sobre su cargo redaccional: a la revista que dirigía solían llamarla «Venezuela pornográfica», por las fotografías en paños menores que buscaban el favor de los lectores. A la distancia, asombra recordar este trabajo del autor de *Cien años de soledad*.

Este año caraqueño de 1958 fue decisivo en la vida del narrador, pero no menos importante fue el siguiente: el 18 de enero tomaron García Márquez y Plinio un avión rumbo a La Habana: iban a hacer un reportaje sobre los acontecimientos del 1 de enero que habían llevado a un abogado al poder: Fidel Castro. Era la primera vez que se topaba con quien mantendría una contradictoria, y para muchos, inexplicable amistad. Al mes de haber regresado a Caracas a Plinio le ofrecieron un trabajo en Bogotá, y lo aceptó con la condición de que su compañero de fórmula laboral fuese su amigo. A finales de febrero de 1959 levanta vuelo el avión que lleva a Gabriel y Mercedes a la capital de Colombia. No volvería a vivir en Caracas el autor de uno de los mejores relatos que se han escrito, «El rastro de tu sangre en la nieve», pero vendría muchísimas veces más, sobre todo a partir del momento en que el pájaro de la celebridad bajó y se posó sobre su cabeza, para no abandonarlo jamás.

De los hechos anteriores, de los muchos viajes a Caracas y de las relaciones estrechas que sostiene García Márquez con venezolanos se ocupa esta investigación periodística de Juan Carlos Zapata. Sabrosamente escrita, pletórica de pequeñas historias, esas que suelen revelar mucho más que las signadas por cierta petrificación historiográfica, el libro va penetrando en el laberinto caraqueño del personaje. Caracas, junto con Barranquilla, Bogotá, Cartagena, Barcelona, París, La Habana y, sobre todo, México, son los ámbitos donde ha vivido este hombre al que le persiguen las premoniciones, es supersticioso, tímido en grado sumo, y pernocta seducido por la comprensión de los resortes del poder.

El primer encuentro con Vargas Llosa, las amistades con Petkoff, Consalvi, Carlos Andrés Pérez, los Otero, Luis Herrera Campíns; los intríngulis del Premio Internacional de Novela Rómulo Gallegos, los diálogos con Raúl Leoni, la vinculación con el MAS, la escogencia de una obra de Pedro León Zapata para la portada de *El otoño del patriarca*, son algunos de los hechos que trabaja Juan Carlos Zapata en este nuevo reportaje, signado por la inocultable admiración que el periodista profesa por el narrador. Lo dejo en sus manos.

UNA ESTUPENDA NOVELETA CON UN TÍTULO DESAFORTUNADO

En la vasta obra de Gabriel García Márquez, las novelas de corta extensión, cuyo nombre acuñó cierta crítica francesa (noveletas), ocupan un lugar singular. *La hojarasca* (1955), *El coronel no tiene quien le escriba* (1961) y *Crónica de una muerte anunciada* (1981) anteceden a *Memoria de mis putas tristes* (2004), de modo que el formato, lejos de serle ajeno al narrador de Aracataca, le es «supremamente» familiar. Los dos temas que acotan la obra, también, son propios de la cantera garciamarquiana: el amor de los viejos (ya trabajado en *El amor en los tiempos del cólera*, 1985) y la fascinación por la contemplación de la mujer que duerme («La bella durmiente» en *Doce cuentos peregrinos*, 1992), pero no por recurrentes son temas agotados. Más bien, son obsesiones temáticas de gran poder psicológico, que atrapan al lector en una red en la que todos sospechamos quedar, alguna vez, atrapados.

Aunque pueda pensarse que el personaje femenino central es la prostituta de catorce años, Delgadina, que siempre yace dormida al lado del viejo de noventa, lo cierto es que Rosa Cabarcas es el epicentro de la historia. Una prostituta ya vieja, con quien el personaje hablante mantiene una cómplice amistad desde sus tiempos juveniles, en los que se acostumbró a que el amor fuese una urgencia que las prostitutas podían apaciguar. A Rosa Cabarcas la asiste la sabiduría de las mujeres de la «mala vida»: directa, descreída, graciosa, inteligente para conocer el laberinto erótico del alma humana. Es ella la que provee al viejo nonagenario la adolescente con quien pasar las noches cuidándole el sueño sin jamás colocarle un dedo encima, y ni siquiera escuchar su voz ni asomarse en el color de sus ojos. Quienes crean que en la noveleta se ventila el amor, clásico, del cliente *habitué* por una de las mujeres del local, se equivocan de plano. En verdad, la obra es una reflexión sobre la vejez, y una celebración de la vida.

Aquel viejo que se despide del mundo lo hace en la contemplación de un cuerpo joven que no puede ni tiene sentido poseer, sino mirar. Y aquel cuerpo joven, que en su inocencia no halla mejor estado que el sueño, en su absoluto silencio emite las noticias de lo que ya pasó: la vida, la lozanía, el brillo. El viejo, además, se va despidiendo enfundado en el más hondo respeto: jamás osa despertar a aquel prodigio juvenil del sueño en que siempre está. Le hace honor al epígrafe de Yasunari Kawabata que escoge su creador: «No debía hacer nada de mal gusto, advirtió al anciano Eguchi la mujer de la posada. No debía poner el dedo en la boca de la mujer dormida ni intentar nada parecido».

El tono del libro, que el título lejos de recoger traiciona, es el del epígrafe de Kawabata. La elegancia con que el narrador aborda el tema es de tal magnitud que el lector olvida que está siguiendo la historia de un viejo nonagenario que busca el amor de una prostituta adolescente, y tiene la sensación de haberse colado en una escena sagrada en la que un viejo ama, como nunca ha amado a nadie, a una mujer que duerme y jamás advierte su amor. La trama, como comprenderá el lector avezado, apela a dicotomías que no dejan frío a nadie y, aunque alguno pudiese decir que es fácil el recurso, lo cierto es que aun siéndolo no deja de ser tejido por un urdidor maestro.

Debo confesar que cuando leo alguna novedad garciamarquiana incurro en supersticiones que el mismo escritor ha inoculado en sus lectores. Una de ellas es la que prescribe que la novela se decide en las primeras líneas y el primer párrafo. No me satisfizo la primera oración, y como un feligrés que sigue a su guía, pensé que todo se venía abajo, pero ahora compruebo que García Márquez está equivocado en sus supersticiones. Esta primera frase: «El año de mis noventa años quise regalarme una noche de amor loco con una adolescente virgen» no recoge el tono que el libro después alcanza. Es pobre, extrañamente escrita por un narrador que ha apostado tanto al comienzo, y que tan extraordinarios inicios ha escrito: «Eréndira estaba bañando a la abuela cuando empezó el viento de su desgracia». (*La increíble y triste historia de la cándida Eréndira y su abuela desalmada*); «Muchos años después, frente al pelotón de fusilamiento, el coronel Aureliano Buendía había de recordar aquella tarde remota en que su padre lo llevó a conocer el hielo» (*Cien años de soledad*); «Era inevitable: el olor de las almendras amargas le recordaba siempre el destino de los amores contrariados» (*El amor en los tiempos del cólera*).

Con todo y el señalamiento anterior, en esta nueva noveleta del escritor colombiano, esplende con fuerza lo que ha sido el corazón de su maestría narrativa: el fulgor poético de su prosa (sístole), la maravillosa musicalidad de su verbo (diástole). Y avanzar por entre sus páginas sigue siendo una operación que no puede abandonarse hasta concluir, como ocurre con muy pocos autores.

GABRIEL GARCÍA MÁRQUEZ: APUNTES AL MARGEN PARA UNA DESPEDIDA

He escrito cuatro breves reseñas sobre cuatro libros del aracatense. Una sobre sus *Cuentos completos*, otra sobre una joya universal del reportaje: *Noticia de un secuestro* (1996), otra sobre su único tomo de memorias: *Vivir para contarla* (2002) y la nota que titulé: «Una estupenda noveleta con un título desafortunado», refiriéndome a *Memoria de mis putas tristes* (2004). Ahora lo despido con emoción y gratitud, ingente gratitud. No puede ser de otra manera: comencé a leer sus libros a finales de los años sesenta, siendo un adolescente, por sugerencia de mi madre, que los leía en vilo, como tomada por una emergencia feliz.

En el texto sobre sus *Cuentos completos* dije (y sigo creyéndolo así) que el primer libro donde se manifiesta su genio narrativo es *Los funerales de la Mamá Grande* (1962), muy superior a su primer conjunto de relatos *Ojos de perro azul* (1947). Naturalmente, entre uno y otro han pasado quince años de ejercicio periodístico diario, ha escrito centenares de crónicas y tres novelas: *La hojarasca* (1955) y *El coronel no tiene quien le escriba* (1961) y *La mala hora* (1962). Ha hecho el tránsito típico de un muchacho de provincias colombiano: de su pueblo a la pluvialísima Bogotá. Ha abandonado los estudios de derecho y se ha consagrado al periodismo. Mientras sueña con ser guionista de cine, su mayor ilusión, escribe crítica cinematográfica en *El Espectador*. Publica en once entregas «Relato de un náufrago» (1955), y luego se va a Europa como corresponsal del periódico bogotano, preservándose de una persecución política *ad portas*. Viaja por diversos países hasta que recala en París, «sin un maíz que asar», y allí pasa 1956 y 1957, cuando se va a Londres a intentar aprender inglés, cosa que no logra. Entonces recibe la invitación de su entrañable Plinio Apuleyo Mendoza.

UN PARÉNTESIS CARAQUEÑO

Llegó a Caracas el 23 de diciembre de 1957 en un avión procedente de Londres, y en Maiquetía lo esperaban los hermanos Mendoza, Soledad y Plinio Apuleyo. Tenía 29 años, fumaba sin cesar, parecía un comerciante libanés, era dramáticamente flaco y no se había casado con Mercedes Barcha. Para entonces, había convencido Plinio a Carlos Ramírez Mac Gregor, editor de la revista *Momento*, de que el Gabo era el reportero que él necesitaba.

Se instaló el aracatense en el edificio Roraima, en San Bernardino, y no más pasó la Navidad y el Año Nuevo, cuando Pérez Jiménez comenzó a tambalearse. Los 23 días que concluyen el 23 de enero, con el vuelo de «La Vaca Sagrada» desde La Carlota, García Márquez los pasó fumando y escribiendo reportajes. Mientras cumplía con sus obligaciones de reportero, redactaba los relatos que formarían *Los funerales de la Mamá Grande* (1962) en calzoncillos, para combatir el calor caraqueño, y no sabemos si entonces su proverbial superstición lo llevaría a acompañarse de flores amarillas mientras fatigaba el teclado. Aquí escribió uno de sus mejores relatos: «La siesta del martes»; también «En este pueblo no hay ladrones», «La prodigiosa tarde de Baltasar», «La viuda de Montiel» y «Rosas artificiales». El primero participó en el Concurso de Cuentos de *El Nacional* en 1958, pero el jurado, integrado por Miguel Otero Silva, Juan Liscano y Juan Oropesa, no lo advirtió, cuando tanto bien le habría hecho a las arcas famélicas de su autor.

La idea de escribir una novela sobre el dictador le sobrevino aquí, cuando después de la caída de Pérez Jiménez pasó meses leyendo todo lo que encontró sobre el engendro arquetipal del tirano. La vida marital la inició en Caracas, en el mismo reguero de papeles del apartamento de San Bernardino, al regresar después de cuatro días en Barranquilla, adonde fue a casarse con Mercedes. Luego trabajó con Miguel Ángel Capriles, en *Venezuela Gráfica*, y estando allí voló con Plinio a La Habana, en enero de 1959, para escribir un reportaje sobre lo que ocurría en aquella isla desconcertante, cuando Fidel Castro no era lo que terminó siendo.

Al mes siguiente a Plinio le ofrecen un trabajo en Bogotá, y puso una condición que le aceptaron: solo iría si también al Gabo

lo enganchaban en el proyecto. Así fue. En febrero de 1959 levantó
vuelo el avión en el que iban los García Barcha rumbo a la capital
de Colombia. Habían pasado catorce meses decisivos para Venezuela
y para el narrador: del 27 de diciembre de 1957 a febrero de 1959.
Luego la trashumancia de los García Barcha se manifiesta en estadías
en La Habana (seis meses), Nueva York (otros seis meses), México
(1961-1967), Barcelona (1967-1975) y a partir de 1975 se instalan
en el barrio San Ángel Inn de Ciudad de México, donde vivió 39
años el escritor, con temporadas en su casa de Cartagena, La Habana
y Bogotá. Como vemos, a pesar de ser un costeño colombiano hasta
los tuétanos, la mayor parte de su vida la pasó fuera de la geografía de
su infancia y juventud. Pero esto ya se sabe: somos lo que los primeros
años de nuestras vidas hacen de nuestra psique.

ESCRIBIR FUERA DE COLOMBIA

Meses atrás, en mis años bogotanos, le pregunté a Plinio Apuleyo Mendoza: ¿por qué su amigo se fue de Colombia y no regresó a
vivir aquí jamás? «Porque si se queda aquí no escribe un carajo», respondió Plinio. Es cierto. Son tantos los requerimientos que tiene un
escritor de su impronta en su país de origen, que la soledad y el silencio indispensables para la escritura se hacen aguas entre las manos.
En cambio en México, donde el nacionalismo es más fuerte que una
obsesión, cualquier extranjero jamás deja de serlo. En otras palabras:
queda liberado, asido a su voluntad y su suerte; y estas dos últimas, sin
la menor duda, fueron compañeras inseparables de García Márquez.

De acuerdo con las exhaustivas pesquisas de Dasso Saldívar, uno
de sus biógrafos, a Cien años de soledad comenzó a escribirla en México,
en julio de 1965, a los 38 años, y la concluyó catorce meses después. Su
día se dividía entonces en dos tandas de trabajo de escritura: de 8:30 de
la mañana a 2:30 de la tarde; almorzaba con su mujer y sus hijos (Rodrigo y Gonzalo) que regresaban del colegio; dormía una breve siesta, salía
a caminar por el barrio y regresaba a escribir de 5 a 8:30, hora en que se
reunía con las parejas de amigos vecinos de la zona. Siempre entre ellos
Álvaro Mutis y Carmen Miracle, Jomí García Ascot y María Luisa Elío,

estos últimos catalanes a quienes está dedicada la novela. Cuando terminó la obra a mediados de 1966 debía seis meses de alquiler, había empeñado el carro y Mercedes sus joyas familiares, y ya los Mutis y los García se preguntaban hasta cuándo habría que «arrimarle la canoa» a los García Márquez. Después de aquel trance de escritura y pobreza ya la vida no hizo sino sonreírle al nieto de Tranquilina Iguarán Cotes de Márquez, fuente príncipe de todo su imaginario.

El relato del comienzo de su nueva vida de celebridad planetaria se lo escuché varias veces a Tomás Eloy Martínez en su exilio caraqueño (1976-1983). Decía Tomás que él estuvo presente la tarde de agosto de 1967 cuando García Márquez entró al Teatro Colón de Buenos Aires a un concierto y el público lo reconoció al caminar por la platea; todos los espectadores se levantaron de sus asientos a aplaudirlo durante minutos. Entonces se vio descender del techo la fama, como unas mariposas amarillas que celebraban un advenimiento. *Cien años de soledad* ya era un éxito asombroso de ventas en Argentina y comenzaba la leyenda de un hombre que conoció la inmortalidad en vida. *Rara avis.*

La increíble y triste historia de la cándida Eréndira y su abuela desalmada (1972) y *El otoño del patriarca* (1975) son seguidos de *Crónica de una muerte anunciada* (1981) y en 1982, con la concesión del Premio Nobel de Literatura, cuando tiene 55 años, uno de los esfuerzos más tenaces de su vida será conseguir tiempo y espacio para escribir. El carácter se le agria un tanto: no puede pasear por ninguna parte sin que alguien le reconozca. Una pesadilla. Los compromisos de viajes son interpelantes, muchos de ellos tediosísimos, y cada vez se le hace más difícil hallar tiempo y psique para escribir. No obstante, lo logra a empellones y publica otra novela formidable *El amor en los tiempos del cólera* (1985); una biografía novelada que lamentablemente abona el mito bolivariano: *El general en su laberinto* (1989); *Doce cuentos peregrinos* (1992), donde están dos de sus mejores relatos: «El verano feliz de la señora Forbes» y «El rastro de tu sangre en la nieve»; una novela menor: *Del amor y otros demonios* (1994) y el magistral reportaje *Noticia de un secuestro* (1996).

En los últimos veinte años de su vida entrega una noveleta (2004) lograda y sus memorias (2002), mencionados al principio de estas líneas en homenaje. Su precisa y fulgurante autobiografía trabaja sus primeros 27 años de vida. ¿Dejó escritos los tomos que abarcan su peripecia entera? Su viuda tiene la palabra. ¿Su legado literario? Uno de los grandísimos narradores de habla hispana de todos los tiempos. Imantó la prosa de lenguaje poético; elevó la cotidianidad de su infancia costeña colombiana al estrato de mito; hizo esplender en sus mejores páginas la imagen y la música, que son los dos pilares del lenguaje de la poesía. Singularizó enfáticamente la narrativa latinoamericana ante el mundo occidental y oriental.

Su talón de Aquiles no es literario sino político: le fascinaban los hombres de poder, incluidos los dictadores más despreciables. Nadie es perfecto. En su descargo hay que señalar que García Márquez no fue un intelectual, que su formación filosófica y política fue menor, y no se puede afirmar que fuera un hombre de ideas. Fue un artista, un narrador, un creador, un constructor de universos, de personajes, un demiurgo que le dio vida a un mundo hasta entonces no verbalizado: Macondo. Además, sobran ejemplos históricos que señalan que un hombre con doble moral (los perseguidos de las dictaduras de derecha son mártires; los de la izquierda, gusanos) o que padece de ceguera ideológica (la peor, Octavio Paz *dixit*), puede ser el autor de una obra maestra.

LA ÚLTIMA ESCALA DE MAQROLL, EL GAVIERO

Nació Álvaro Mutis Jaramillo en Bogotá un 25 de agosto de 1923 y falleció en la ciudad de México, megalópolis en la que vivía desde 1956, el domingo 22 de septiembre de 2013. De sus 90 años, 64 los pasó fuera de su país natal y, sin embargo, jamás dejó de ser un escritor colombiano. Lo mismo ocurre con su entrañable amigo Gabriel García Márquez: bastante más de la mitad de su vida fuera de su país y su país sigue allí, como el dinosaurio de Augusto Monterroso, inmutable.

Llega con sus padres diplomáticos a Bélgica a los 2 años y estudia con los jesuitas, hasta que regresa a los 9 a la región del Tolima, huérfano de padre, donde vive en la finca de su familia a orillas del río Coello, entre cafetales, bajo la impronta de la madre. Casi toda su obra literaria está signada por estos dos hechos: los viajes por mar entre Amberes y Buenaventura y la vida adolescente en el paraíso tolimense. Luego se muda a Bogotá, donde trata «infructuosamente de terminar bachillerato en el Colegio Mayor de Nuestra Señora del Rosario», el mismo recinto académico donde reposan los restos de su más ilustre antepasado, el sabio naturalista José Celestino Mutis. En la ciudad eternamente lluviosa («esa ciudad fría que lograba ponerme triste») prefiere los billares y la poesía a los estudios y el susurro encofrado de los cachacos.

Abandonados los estudios formales para siempre, comienza una vida signada por el azar de los autodidactas. Se erige en actor de teatro en el barrio Chapinero a los 18 años y consigue ser locutor en la Radio Nacional. Allí, un marido celoso cree descubrir en sus intervenciones radiales un mensaje cifrado para su esposa y lo busca para matarlo; casi lo logra. En 1948, un día antes del fatídico 9 de abril bogotano, sale de la imprenta su primer poemario, *La balanza,* un libro a dos manos con Carlos Patiño Roselli que corrió la suerte de la ciudad incendiada. Fue colocado el 8 de abril en las librerías que fueron arrasadas por la turbamulta al día siguiente. Le seguirán *Los elementos del desastre* (1953), *Reseña de los hospitales de ultramar* (1959), *Los trabajos perdidos* (1965), *Caravansary* (1981), *Los emisarios* (1985), *Crónica regia y alabanza del reino* (1985), *Un homenaje y siete nocturnos* (1987).

Consigue un trabajo en la Colombiana de Seguros, en donde dirige su revista; después pasa a ser jefe de Propaganda de la cervecera Bavaria, con apenas 24 años. Luego lo designan director de la emisora de radio Nuevo Mundo y después pasa a encargarse de las Relaciones Públicas de Lansa, una línea aérea que competía con Avianca («Lansa es la gran experiencia que, después de Coello, me ha dado el material básico para mi obra literaria»). Gracias a ella, conoce toda América Latina. A los 32 años pasa a trabajar en la Esso colombiana como jefe de Relaciones Públicas: ahora los viajes se extienden por todo el mundo. En esta empresa su vida, lamentablemente, cambiará para siempre.

En 1956 se ve en la necesidad de abandonar a toda carrera Colombia y se va a México. La Esso considera que Mutis no ha hecho buen uso de las partidas presupuestarias destinadas a las relaciones públicas y lo quiere preso («en realidad no sé en qué momento empecé a disponer de ese dinero, mediante recibos que firmaba a nombre de entidades inexistentes»). Es apresado en México en 1959, donde es encarcelado en la prisión de Lecumberri durante 15 meses de condena. Allí escribe *Diario de Lecumberri* (1960) y el luminoso relato «La muerte del estratega».

Al salir de la prisión, sigue su azar laboral. Durante 23 años fue gerente de ventas de películas de la Twentieth Century Fox y la Columbia Pictures para América Latina. Hacía dos viajes al año por todo el continente. De su peregrinar incesante por estas tierras rescata tres ciudades: Buenos Aires, Quito y San Juan de Puerto Rico. En Venezuela los compradores de sus «enlatados» eran Radio Caracas Televisión y Venevisión. Alguna vez le preguntó el culto presidente de una de estas dos plantas televisivas si el Álvaro Mutis poeta era él, a lo que el elegantísimo vendedor respondió que ese Álvaro Mutis era otro, pariente lejano, y vergüenza de la familia. Antes de las empresas cinematográficas hacía la voz del narrador de *Los intocables*, siempre en México, su base de operaciones.

Al jubilarse de la empresa cinematográfica en 1988, hace eclosión feraz su veta novelística. Es como un magma contenido que produce 7 novelas en 7 años. *La nieve del almirante* (1986), *Ilona llega con la lluvia* (1987), *Un bel morir* (1988), *La última escala del Tramp Steamer* (1989), *Amirbar* (1990), *Abdul Bashur, soñador de navíos* (1992) y *Tríptico de mar y tierra* (1993). Antes, en 1973, había publicado una breve joya narrativa: *La mansión de Araucaíma. Relato gótico de tierra caliente*. En este cuento económico y de aguda resonancia interior se anuncia el estallido de una década después. Fue escrito en 15 días para ganarle una apuesta a Luis Buñuel, de quien era buen amigo, ya que este creía que no podían escribirse relatos góticos ubicados en tierras calientes. No solo le ganó la apuesta, sino que Buñuel se comprometió a hacer una película con la obra, pero la vida no le dio la oportunidad.

En el poemario fallido de 1948 ya aparecía su alter ego: Maqroll, el Gaviero. Epicentro de toda su obra, metáfora vital a través del oficio de estar en la gavia, avizorando, oteando el horizonte, vigilante. Maqroll es el protagonista de la saga narrativa de Mutis, de la que privilegio *La última escala del Tramp Steamer*, acaso el punto más alto del lenguaje poético de nuestro autor. En ella el lujo verbal es tan preciso que alcanza un estadio en el que lo escrito resulta imposible haberlo escrito de otra manera. La metáfora del viaje como experiencia central de la condición humana cristaliza definitivamente, mientras las delicias de la danza amorosa entre Jon Iturri y Warda Bashur se hacen presentes con su portentoso poder evocador.

De sus poquísimos relatos, «El último rostro» fue lo que quedó después de un intento de novelar la vida de Bolívar. El intento fue incinerado, pero quedó el cuento. Se vale del ardid de un coronel polaco que encuentra unos papeles en una subasta para reconstruir los últimos momentos en la vida del Libertador, pero sobre todo para oírlo hablar, y el que habla es el Bolívar más cercano a Mutis: el que constata el desastre americano desde la atalaya europea: «Aquí se frustra toda empresa humana –comentó». El relato reproduce los estereotipos bolivarianos de la mitología archiconocida: un héroe traicionado por Santander, un Cristo abandonado, un incomprendido para su tiempo.

El valor del relato está en la escritura. En este tratamiento, coincide con García Márquez en *El general en su laberinto*. Lo mismo de siempre.

Singularidades sí vamos a hallar en abundancia en su obra narrativa, que es continuación en prosa de su obra poética. De hecho, puede hablarse de una continuidad con tal claridad que no se distingue una de la otra. Es el universo de Mutis. Su universo inconfundible. Un mundo de travesías marítimas, de amores profundos y portuarios a la vez, de constatación del desastre en que concluye toda aventura humana, lo que no supone la futilidad de la experiencia. En toda su obra se destaca notablemente el trabajo del lenguaje. Frases largas, musicales, precisión etimológica, algo que a falta de precisión mayor llamaría la dicción colombiana, aunque no puede en este momento ni siquiera intentar descifrar qué es eso, pero es. Tan solo apunto que esta dicción está imantada por la poesía, como la obra de García Márquez.

De hecho, una anécdota es muy elocuente en este sentido. García Márquez escribe un discurso para recibir el Nobel de Literatura, pero al llegar a Estocolmo se entera de que debe pronunciar otro y no tiene tiempo. En lo que Mutis se baja del avión su amigo le dice: «No tengo un segundo libre, te toca hacer el discurso». «Sobre qué», le preguntó Mutis. «Sobre la poesía –le respondió Gabo y le dijo–: Concluye con esta frase de Luis Cardoza y Aragón: 'La poesía es una de las pocas pruebas concluyentes de la existencia del hombre'». El discurso es una joya y los retrata a ambos de cuerpo entero.

Ya viejo, a Mutis le llovieron los reconocimientos. Obtuvo el premio Príncipe de Asturias y el Cervantes. Sin embargo, en aquel libro de entrevistas (*El reino que estaba para mí. Conversaciones con Álvaro Mutis*) que sostuvo con Fernando Quiroz, afirmó:

> Jamás decidí escribir para alcanzar la fama. Empecé a hacerlo sin darme cuenta, y he seguido escribiendo para que jamás dejen de vivir dentro de mí los recuerdos de Bruselas y de Coello y las revelaciones de Lecumberri. Solo he escrito para eso, a pesar de la tortura endemoniada que significa para mí trabajar con las palabras.

VENEZUELA

Una historia dinámica la de Venezuela, pero en algunos tiempos parece como si ella retrocediera a repasar escenas que ya conocimos.

RAMÓN J. VELÁSQUEZ

VENEZUELA REVELADA

UNO

Ser venezolano, más que una certeza, es despertar en el imaginario una batería de interrogantes. Aunque parezca una verdad de perogrullo, no lo es: la venezolanidad es una empresa difícil, y no es lo mismo ser de aquí, de esta singularidad de la historia, que haber nacido en un país cuyos contornos vienen afinándose a lo largo de los siglos y ya el perfil es más nítido que neblinoso. No han sido pocas las veces en que Venezuela ha sido puesta en duda; tampoco han sido pocas las veces en que ha sido negada. Incluso algunos llegan a adelantar una pregunta signada por la bruma: ¿existe? ¿Realmente existe esta nación o es fruto de la enfebrecida imaginación de sus habitantes?

Desde el instante mismo en que Cristóbal Colón en su tercer viaje se adentra en una zona desconcertante (la desembocadura del Orinoco) y confunde aquella desmesura fluvial que se precipita sobre el océano con el Paraíso terrenal, aquella Tierra de Gracia, que bautizó así el propio almirante, ha estado cubierta por un velo entre azaroso y enigmático. Para colmo de metáforas, cuando Colón navega contra la corriente en aguas dulces que parecen un mar, padece de una tenaz conjuntivitis, de modo que lo que miran sus ojos está predeterminado por mínimas gotas de sangre que le tiñen el mundo. Me estremezco con el símbolo: en su mirada, premonitoria por razones oftálmicas, el almirante se anticipa a los años sangrientos que anuncian aquellas carabelas con hombres blancos y extrañas indumentarias.

Hasta en nuestros orígenes prehispánicos la violencia late como un corazón terco. Las etnias que han hecho suya esta inmensidad de diferentes nombres (Paria, Maracapana) han conocido la santa paz en los paréntesis de su vida nómada. No se están quietos ni forman un núcleo: sus territorios son más la trama de una red sin epicentro que un intento por establecer el trono de un imperio. Su cultura está hecha de dioses portátiles, de divinidades a las que llevan consigo con la misma fuerza con que alguien decide no moverse más y establecerse a la vera de un río, al pie de una montaña, sobre la mesa servida de una explanada.

El almirante creía que navegaba hacia la India y se topó con un continente, pero no lo supo. En su tercer viaje ha podido remontar el río hacia la tierra del oro de Guayana, tierra amarilla en la casa del deseo, pero sus ojos le enrojecían el mundo, y dio media vuelta y enfiló sus naves hacia Margarita. En aquellos viajes colombinos la historia universal avanzaba en sus naves hacia el más colosal ensanchamiento de los límites planetarios, pero aquellos navegantes lo ignoraban por completo. ¿Quién sabe, realmente, lo que está haciendo?

Aquel genovés empecinado no podía saber que alumbraba un tiempo histórico, ni que penetraba en una de las zonas más antiguas del planeta, ni que escribía los prolegómenos de un mito devastador que arrasó con propios y extraños, El Dorado, ni que escribía el prefacio de una epopeya sangrienta: la conquista. ¿Cómo aquel almirante –con los ojos enfermos y el alma estremecida, que le escribe a los reyes de España diciéndoles, con fervor de creyente, que ha llegado al Edén, y que la prueba está en que las aguas por las que navega provienen del colmo de la pera donde bulle el manantial del Paraíso– puede imaginar que lejos de haber hallado el Edén ha colocado la primera letra de uno de los encuentros más violentos de la historia? No podía saberlo. Todo lo contrario: en sus palabras queda recogida la impronta del que se ha fascinado con el carácter apacible de los pobladores, que han sido amables en el trato, y que no presagian la guerra ni el exterminio, y mucho menos la herejía de imponer un dios lejano y solitario. Tocamos un timbre, pero no sabemos en cuál puerta repica.

Tampoco imagina entonces el almirante que la colonización de aquellas vastedades no tendrá lugar a lo largo de las riberas del río que saborea en su delta final, sino por dos lugares distantes: oriente y occidente, dejando al garete el curso fluvial y el centro equidistante entre Cumaná y Coro. Si bien es cierto que el río es la columna vertebral del territorio, no es menos cierto que su desembocadura es atlántica y no caribeña, y este mar que recuerda la etnia que lo navegó incansablemente fue a partir de entonces el teatro de operaciones de un mundo lejano. Si en Europa los imperios obedecían a la lógica natural de la expansión y el dominio, en el Caribe se escenificaba una obra periférica del mismo teatro, y Venezuela estaba allí, como en un proscenio: espectadora y participante a la vez.

Si el colonizador levantaba una fortaleza para proteger el tesoro de la sal en Araya, también trazaba la cuadrícula urbana desde donde iniciaría una ciudad su latido indetenible. Si el hombre de espadas ejercía su voluntad, más cerca de la crueldad que de la misericordia, el hombre de cruces ejercía, algunas veces, su apostolado desde un púlpito autoritario, y en otras oportunidades, también, brillaba en su alma la lucidez bondadosa de un fray Bartolomé de las Casas. En aquel escenario donde coincidían dos tiempos históricos distintos, el bendito desorden del amor iba tejiendo su red mestiza: el blanco se avenía con la india, el negro esclavo con el fruto de los anteriores, y así, sin pausa, el encuentro de mundos en las antípodas, violentísimo, también hallaba un reducto de fiebre amatoria, donde las olas se avenían con el sosiego posterior y final.

Pero no solo trajeron en sus alforjas el furor macerado de sus noches solitarias en la inmensidad del océano; también traían sus instituciones, sus usos gubernamentales, sus trazados urbanos, su gastronomía, una lengua, todo aquello que sumado termina por trazar el círculo de una cultura. Y por más que la expresión de aquella cultura fue impositiva, la cultura aborigen no desapareció por completo: sobrevivió hasta el sol de hoy, entre incorporada a la olla común o, incluso, en la proscripción manifiesta. En muchas otras expresiones distintas a la toponimia, también se expresa la cultura indígena, por más que algunos se empeñen en desconocerlo. Tan presente está como la cultura africana que navegó en las bodegas de los barcos europeos repletas de negros esclavos: mano de obra para la empresa con la que el indígena no transigía. Cada quien fue aportando lo suyo: si el aborigen dibujó el perfil de su paciencia cósmica, insuflada de una extraña melancolía creadora, el negro trajo su desenfado, sus ritmos vitales, su armonía corporal, su celebración erótica, por decir algo, ya que es imposible reducir en palabras, ni en párrafos, lo que una cultura aporta en diálogo con otras. Cualquier intento por catalogar está condenado al fracaso: siempre será insuficiente.

DOS

Si bien es cierto que los indígenas se valieron del fruto del cacao, no es sino en el siglo XVII cuando el cultivo se potencia y se inicia su etapa exportadora. Ya el español había descubierto el chocolate en México, y unas monjas de Oaxaca le habían añadido azúcar a la bebida haciéndola trasegable; muy pronto las cortes europeas se fascinarían con el fruto americano, y también muy pronto comenzaría a rodar por el mundo una fama justa: la del cacao de Chuao, todavía hoy considerado como el mejor que se produce en el planeta. También entonces comenzarían los «grandes cacaos» a acumular riqueza, y el siglo XVIII se anunciaría promisorio.

Al cultivo del cacao se le presentó competencia. Un fruto original de Abisinia, el café, hacía su entrada triunfal en América en 1714, en la Guayana holandesa. Y de aquel lugar la semilla se extendió por todo el espacio tropical propicio para su desarrollo. En las haciendas cacaoteras se admitía un fruto de orígenes remotos, que ayudaba a mantener despierto el espíritu.

La Venezuela de estos años es primordialmente rural, por más que la colonización manifestara su voluntad con la fundación de una urbe. La aventura urbana comienza con la fundación de Cumaná, en 1516, y se extiende con Nueva Cádiz (1526), Coro (1527), El Tocuyo (1545), Barquisimeto (1552), Valencia (1555), Trujillo (1557), Mérida (1558), Caraballeda (1560), San Cristóbal (1561), Caracas (1567), Carora (1569), Maracaibo (1571), Barinas (1577), San Sebastián de los Reyes (1585), La Guaira (1589), Guanare (1593), Barcelona (1637), Yaritagua (1671), San Juan de los Morros (1675), San Carlos (1677), Maracay (1697), San Felipe (1731), San Fernando de Apure (1754) y otros centros urbanos fundados ya en la segunda mitad del siglo XVIII.

Aunque se ha señalado muchas veces conviene insistir en ello: la colonización se expresó en dos vertientes contradictorias. Por una parte el mito de El Dorado enceguecíó a muchos, que fueron tras él como quien responde al impulso atávico de la búsqueda de la riqueza; y por otra, no faltaron quienes se dedicaron a fundar las ciudades, que eran expresión de un proyecto que no se agotaba en la persecución del vellocino de oro. Con la urbe, por primera vez, estas tierras conocen un centro urbano, un laberinto cultural, una trama de valores y una jerarquía: la plaza del mercado, la iglesia, la casa del poder delegado del rey, la casa donde se escucha y se juzga, los muros que acotan el saber, el recinto de las deliberaciones. Todos estos espacios, como se sabe, perfectamente expresivos de las instituciones que albergan y simbolizan.

Y si la vida colonial en aquella lejana provincia de Venezuela nunca llegó a ostentar el brillo de los virreinatos americanos, tampoco fue tan opaco su devenir como cierta historiografía ha señalado. El primer virreinato que crea la Corona española es el de Nueva España (México, 1535), al que le sigue el de Perú, en 1542, y pasan muchos años antes de otorgarle este rango al de Nueva Granada (Colombia) en 1717, y ya acercándose al final de los tres siglos coloniales se instaura el del Río de la Plata (Buenos Aires) en 1789.

La historia administrativa de aquella región que Colón llamara Tierra Firme y a Vespucio le recordara la serenísima ciudad de Venecia es modesta en comparación con el fasto virreinal. Se correspondía con la entidad de sus aborígenes, como ya hemos dicho, más dados a la divagación navegante que a la construcción de un imperio.

Aunque la opinión de los historiadores lejos de ser unánime es antagónica, lo cierto es que a partir de 1777, manifiestamente creada o no, la Capitanía General de Venezuela terminó de definir sus contornos territoriales. En otras palabras, la territorialidad que va a formar la posterior República de Venezuela termina por definirse en esta fecha, si se quiere, tardía. Es a partir de entonces cuando puede hablarse de un conjunto de provincias que, unidas, forman un territorio gobernado por un capitán general. De modo que no es aventurado afirmar que la unificación de Venezuela, tal y como la conocemos hoy, es un hecho que terminó por darse cuando el proceso colonial se acercaba a cumplir tres siglos de andadura. Por cierto: conviene no olvidar este hecho cuando pensamos en la Venezuela de hoy.

Son varias las circunstancias que signan la Venezuela del siglo XVIII, pero entre ellas esplende el contrato entre la Corona española y la Compañía Guipuzcoana. Por Real Cédula del 25 de septiembre de 1728, la Corona le entregó a esta compañía el monopolio comercial de Venezuela hasta el año de 1780, cuando el convenio quedó sin efecto. A lo largo de cincuenta y dos años el monopolio produjo no pocos escozores entre los miembros de la nobleza criolla, y llegó a provocar la rebelión del canario Juan Francisco de León en dos oportunidades: 1749 y 1751, en ambas fechas protestando por el monopolio y sus consecuencias inconvenientes para los criollos. Pero el contrato para la Corona tenía sentido: la nobleza criolla prefería exportar el cacao a México, un puerto más cercano y seguro, que a España, con lo que los peninsulares no lograban satisfacerse del fruto más apetecido de su tiempo: el cacao, y muy particularmente el venezolano que, como hemos dicho, ya entonces gozaba de la fama de ser el mejor del mundo. Pero el monopolio otorgado a los vascos no venía a señalar otra cosa que la prosperidad creciente que ya se experimentaba en esta provincia caribeña. La Venezuela del siglo XVIII no es la paupérrima zona que cierta historiografía señala, ni el emporio que otra riposta. En verdad, la situación económica de los terratenientes no era pobre, y prueba de ello pueden ser los seis títulos nobiliarios que los criollos pudieron obtener gracias a la abundancia de sus arcas: tres condes y tres marqueses ostentaban su nobleza en el valle de Caracas.

Es aquella sociedad caraqueña la que cobija un fenómeno musical único en la Hispanoamérica del siglo XVIII: la Escuela de Chacao. Entre 1781 y 1810, y bajo la égida del padre Sojo y de Juan Manuel Olivares, floreció una escuela que llegó a formar a cerca de 30 compositores y 150 instrumentistas, que hacían sus ejercicios y presentaciones en las haciendas de las afueras de Caracas: La Floresta, Blandín, San Felipe, así como en la esquina de Cipreses, donde quedaba la Congregación del Oratorio de San Felipe Neri. Es aquella sociedad caraqueña la que impresiona a los viajeros por su buen gusto y opulencia; es la que prácticamente deslumbra a Humboldt, por lo inesperada, cuando este prolonga su estadía en Tierra de Gracia por muchos más meses de los previstos, en el año 1800. De ello deja testimonio en su imprescindible *Viaje a las regiones equinocciales del Nuevo*

Continente. Es aquella sociedad en la que la casa de los Ustáriz es el centro de cotidianas tertulias literarias donde, además de la literatura, el derecho y la filosofía son temas que se abordan con entusiasmo. A estas reuniones asiste un joven a quien el destino le tiene asignado un papel fundamental: Andrés Bello, y esporádicamente otro, más joven aún, a quien esa misma providencia le ha señalado una tarea titánica: Simón Bolívar.

De modo que la Venezuela del siglo XVIII, en especial la de su segunda mitad, es la que va a ver nacer la generación más asombrosa que país hispanoamericano alguno ha conocido. La constelación se inicia con Francisco de Miranda (Caracas, 1750), sin la menor duda, el más universal de los venezolanos, y sigue con Juan Germán Roscio (Guárico, 1763) un intelectual e ideólogo del movimiento independentista poco recordado; Simón Rodríguez (Caracas, 1769), bastante más que el maestro del Libertador, como cierta historiografía reduccionista lo pretende; Andrés Bello (Caracas, 1781), el poeta fundador y la conciencia histórica más atenta de su tiempo; Simón Bolívar (Caracas, 1783), a quien la voluntad le puso en las manos la concreción de un proyecto titánico; José Antonio Páez (Portuguesa, 1790) el verdadero fundador de la República de Venezuela y un guerrero excepcional y, finalmente, el menor y el que muere más joven: Antonio José de Sucre (Cumaná, 1795) un alma muy superior a las tareas guerreras que le valieron la gloria.

¿Es posible, pues, que un país deprimido haya podido dar estos frutos? No parece probable. Estos siete venezolanos de excepción son todos frutos de una sociedad en expansión, en crecimiento, y ellos mismos van a ser expresión de ideas y valores vinculados con la modernidad. Sin embargo, no deja de ser asombroso que esta pléyade se haya dado en una región que no es virreinal, que recién está integrándose como conjunto territorial y que, para colmo, es de las últimas provincias españolas en América en contar con una imprenta. Este dato, que ha sido desdeñado con frecuencia, a mi entender reviste un valor excepcional para la comprensión de nuestro devenir, sobre todo si colocamos en juego de comparaciones las fechas. La imprenta se instala primero en México (1535), luego en Lima (1583), Argentina (1700), Cuba (1707), Colombia (1738) y finalmente en Venezuela en 1808, después de una peripecia azarosa que relata con gracia Arístides

Rojas. Según el historiador caraqueño, Miranda traía las máquinas en las naves que lo trajeron hasta las costas venezolanas en procura de su sueño libertario, y después del fracaso de las intentonas de Ocumare y de Coro en 1806, los aparatos fueron a dar a la isla de Trinidad, y allí los adquirieron un par de ciudadanos norteamericanos, Gallagher y Lamb, quienes fueron los primeros impresores del país, despachando con regularidad la *Gaceta de Caracas*, a partir de 1808. Dos años después publican el primer libro que se hizo en Venezuela: *Calendario manual y guía universal de forasteros en Venezuela para 1810,* cuyo texto ya se comprobó fue escrito por el joven Andrés Bello.

Sin imprenta, como puede fácilmente comprenderse, pueden las élites de una sociedad hacerse de una cultura, como de hecho ocurrió en nuestro país, pero de ninguna manera puede democratizarse el conocimiento, y ni siquiera puede formarse un sistema crítico literario; tampoco la universidad puede divulgar saberes investigados por sí misma. Son tantas y tan evidentes las consecuencias que tiene para una sociedad no contar con imprenta que no me detengo más en ello. Pero no dejo de señalar la contradicción: la sociedad venezolana de entonces avanza y comienza a asumir los valores de la modernidad, pero no ha dispuesto de los mejores instrumentos para ello.

TRES

Los antecedentes del 19 de abril de 1810 y del 5 de julio de 1811 hay que buscarlos en las postrimerías del siglo XVIII, cuando en 1797 la conspiración de Manuel Gual y José María España es debelada. La suerte de ambos es trágica: el primero muere envenenado por su sirviente, y el segundo es decapitado y descuartizado según órdenes de sus jueces. Antes, como hemos señalado en líneas precedentes, Juan Francisco de León se alzó en contra del monopolio de la Guipuzcoana en 1749 y 1751, pero la fuente de inspiración no era tan clara como la de Gual y España. Para estos mártires la independencia era el norte, inspirada en los valores de la libertad y la modernidad.

La gesta de la independencia de Venezuela está signada por ires y venires que van subiendo y bajando personajes del escenario. El primero en bajar, y de forma más dolorosa, es el precursor de toda esta historia libertaria: Francisco de Miranda. Una inexplicable voluntad (o el azar) quiso que el generalísimo desoyera el ruego de su lugar-teniente, que le pedía embarcarse de inmediato y alejarse de la costa guaireña, con lo que en la madrugada aciaga del 31 de julio de 1812, Bolívar y Miguel Peña, entre otros, arrestan a Miranda, con el objeto de desconocer la capitulación que este ha aceptado frente a Monte-verde. Desde entonces la suerte del precursor fue nefasta, hasta que muere en la prisión de La Carraca, en Cádiz, escena e imagen con la que Arturo Michelena tramó una de las obras pictóricas fundamenta-les de la venezolanidad: *Miranda en La Carraca,* una pieza que con el devenir de los años se ha erigido en icono inconfundible.

El testigo que ha retomado Bolívar a partir de 1812, como se sabe, no reconoce límites, y el pequeño y nervioso caraqueño se propone y logra liberar un territorio bastante mayor que el de su comarca inicial. Los límites del sur los establece la gesta de su corre-lato argentino: José de San Martín, quien viene haciendo lo mismo en tierras australes. El sueño bolivariano, para bien o para mal, no se detiene en Venezuela sino en la empresa imposible de crear una sola república con sede política en la neblinosa Bogotá. El desen-lace es por todos conocido, aunque no siempre bien interpretado en sus causas y consecuencias. No siempre se aclara con la misma vehemencia con la que se juzga a José Antonio Páez, que el llanero interpretaba el sentimiento de un pueblo al que le resultaba cuesta arriba una empresa conjunta, con hermanos históricos no tan cer-canos como el sueño bolivariano imaginaba. Por ello, en verdad, es Páez el creador de la República de Venezuela como la conocemos hoy, una vez deshecho el intento de unión que animaba la vastedad imaginada por Bolívar.

El siglo XIX, en el que una república busca hacerse tal, no sin enormes inconvenientes, buena parte de ellos provocados por el natural caudillismo patrio, tiene como personajes centrales al mismo general Páez y a otro general de distinto tenor: Antonio Guzmán Blanco. Pero más allá de sus personajes principales, Venezuela es un país depaupera-do por la empresa de la guerra de independencia, en la que el ejército libertador se ha nutrido de brazos venezolanos de manera mayoritaria y, para colmo, el siglo entero se ha visto sacudido por las guerras federales, por las apetencias de los caudillos regionales por ampliar el ámbito de sus jurisdicciones de poder. Si un color determina la centuria es el rojo encendido, en una geografía arrasada por la desolación y la muerte.

CUATRO

A lo largo de los trescientos doce años coloniales (1498-1810) las artes visuales en nuestra lejana provincia han conocido distintos momentos. Durante los siglos XVI y XVII es muy poco, o casi nada, lo que puede señalarse. Hacia finales del XVII comienza a manifestarse un arte pictórico destinado a los altares, o a las paredes de las naves laterales de los templos, nada despreciable. Artistas como el llamado «El pintor de El Tocuyo» van ofreciendo su obra. En la centuria siguiente continúa el afán religioso de los pintores, pero a este se le añade el de los retratistas. Algunos anónimos, y otros con la firma de algún artista, lo cierto es que los mantuanos caraqueños posan para ser inmortalizados. De entonces quedan el retrato del primer marqués de Mijares (don Juan Mijares Solórzano) el de Feliciano Palacios y Sojo (bisabuelo materno del futuro Libertador), el de la condesa de San Javier (doña Teresa Mijares de Solórzano y Tovar).

Ya en el siglo XVIII la obra de Francisco José de Lerma y Villegas se distingue, siempre acotada por el tema religioso, al igual que la de José Lorenzo Zurita y la del llamado «pintor de San Francisco», aún de nombre desconocido. En la segunda mitad de esta centuria surge la obra de nuestro primer pintor verdaderamente excepcional: Juan Pedro López (abuelo de Andrés Bello), creador que concentró sus fuerzas en la pintura de temas sagrados, al igual que la llamada Escuela de los Landaeta y, esta última, según Alfredo Boulton, junto con López constituye el primer momento de solidez de nuestra pintura colonial.

El primer pintor republicano nuestro fue Juan Lovera: creador que se concentró, naturalmente, en los temas propios de su tiempo independentista. De allí que su obra recoja buena parte de los episodios propios del nacimiento de la república y el rostro de aquellos protagonistas de la epopeya. Hasta aquí, como vemos, el paisaje no ha sido objeto de interés de los pintores, de los creadores de imágenes plásticas.

CINCO

Con la independencia de la Corona española la república naciente se abre, sin cortapisas, a la visita del viajero europeo. Ya antes los legionarios que contribuyeron con su esfuerzo en la guerra de independencia conocieron a fondo la geografía nacional. El testimonio de los viajeros es múltiple y variado, pero a los efectos de este ensayo nos interesan, particularmente, los viajeros pintores. Fueron ellos, precisamente, los primeros que trabajaron el paisaje venezolano ya que, como vimos antes, nuestros pintores se concentraron exclusivamente en el tema sagrado y en el retrato, y no detuvieron con sus pinceles, ni con sus carboncillos, ese mundo ancho de afuera, donde la vastedad materializaba su imperio.

Si bien los ingleses Sir Robert Ker Porter (1777-1842) y Lewis Adams (1809-1853) acometieron dibujos paisajísticos y, eventualmente, óleos, lo cierto es que se distinguieron más como retratistas que como paisajistas. El primero llegó a Caracas en 1825 como cónsul británico, y en su estadía venezolana no solo trató a Bolívar y Páez sino que los retrató con esmero. Su veta paisajista se realizó en algunas vistas de Caracas y otras de La Guaira. Adams, por su parte, a lo largo de sus dieciseis años de permanencia en Venezuela (llega en 1836 y muere en Caracas en 1853) se hizo de la justificada fama de ser «el mejor retratista del país» y ciertamente que lo era: no solo su cuantiosa producción lo confirma, sino la calidad de sus retratos. Solo de manera subsidiaria acometió el paisaje.

Otro inglés que estuvo por estas tierras entre 1837 y 1844 fue Joseph Thomas y, aunque es poquísimo lo que se sabe sobre su vida y obra, dejó una vista de Caracas litografiada en Londres, y fechada en 1839, que con los años se ha erigido en un paisaje emblemático de la ciudad.

En 1842 llega a Venezuela el pintor alemán Ferdinand Bellermann (1814-1889) y permanece en el país hasta 1845. El motivo de
su viaje guarda vinculación con Humboldt, quien le sugiere al káiser
Federico Guillermo IV de Prusia que envíe al pintor a Venezuela a
cumplir con su labor de paisajista, de modo que buena parte de los
sitios que el sabio alemán recorrió cuarenta y dos años antes, Bellermann los trabaja pictóricamente. Así, la obra de Bellermann viene
a ser una suerte de homenaje al trabajo titánico de Humboldt, y
expresión de una continuidad, de una tradición científica, que también encontró correlato en lo pictórico. No exagero si afirmo que el
primer gran paisajista que tiene a la tierra venezolana como objeto es
Bellermann. Sus magníficos lienzos dejan sin aliento al que los contempla, en particular aquellos que recogen la feracidad de la naturaleza tropical, con sus verdes profundos (espejos de la frondosidad de
sus selvas) y sus cielos tumultuosos.

A partir de 1850 y, aparentemente, hasta 1854, estuvo el pintor danés Fritz George Melbye entrando y saliendo de Venezuela. Se
había prendado del paisaje nuestro y lo auscultaba afanoso. En 1852
navega desde la isla de Saint Thomas, con el joven Camille Pissarro,
hasta costas venezolanas, y permanecen aquí durante dos años, pin-
tando. Se cree, con razón, que el maestro del gran pintor que llegó a
ser Pissarro fue Melbye, en tierras venezolanas. De esta dupla quedan
sus visiones exuberantes del paisaje, pero también sus especiales dotes
para recoger la escena costumbrista, ya sea urbana o rural.

Pero de todos aquellos viajeros europeos, que venían a América
inspirados por la epopeya humboldtiana, uno de los más significativos
para este viaje nuestro es Pál Rosti. Nació en Pest (Hungría) el 27 de
noviembre de 1830 y murió en Budapest el 7 de diciembre de 1874.
Según nos informa Josune Dorronsoro en su estupendo estudio *Pál
Rosti: una visión de América Latina (Cuba, Venezuela y México, 1857-
1858)*, el húngaro se había graduado en ciencias y se había especializa-
do en etnología y botánica. Era, a todas luces, un hombre de la misma
estirpe de Humboldt, su maestro reconocido.

Este científico no viajaba sin instrumentos, y es por ello que se
vale de un invento, para entonces, reciente: la fotografía. La técnica que
escoge Rosti es la del «colodión húmedo», y señalo esto para recordar

que el instrumental fotográfico de entonces no era tan portátil como el de hoy, sino que por el contrario estaba constituido por un aparataje bastante alambicado. Sin embargo, salvo descubrimientos posteriores, el primero que toma fotografías descriptivas, con fines científicos y documentales, en esta Tierra de Gracia es el húngaro Pál Rosti. Y, por esas ironías de la historia: ¿quién dice que las tomas con fines científicos no tienen valor paisajístico?

SEIS

Si los primeros en fijar el paisaje nuestro son los pintores viajeros, muy poco tiempo después los primeros fotógrafos comienzan su labor de establecimiento de las imágenes. Si Rosti está algunos meses entre nosotros y sigue su viaje, el caso de Federico Lessmann (1826-1886) es distinto: ha nacido en Alemania, pero ha llegado a Venezuela con sus dotes de dibujante a los dieciocho años, y desde entonces se vincula a las labores del taller de litografía de Müller y Stapler; luego pasa a ser socio del negocio, hasta que en 1864 establece el primer taller de fotografía que hubo en Venezuela. Lessmann, además, es el primero que toma el paisaje, en especial el de los alrededores de Caracas, aunque entre su obra destaca también su labor de retratista.

En los mismos años en que Lessmann establece su taller, hacen lo mismo Martín Tovar y Tovar y José Antonio Salas, y para la misma época Próspero Rey inicia sus labores. La fotografía va lentamente ocupando los espacios que hoy nos parecen naturales: en 1889 el *Zulia Ilustrado* publica las primeras imágenes, que se sepa hasta hoy, en la prensa venezolana. Luego, en *El Cojo Ilustrado,* se inicia lo que algunos historiadores han llamado «la fotografía artística» venezolana. Allí Lessmann muestra sus imágenes, y allí se da a conocer un fotógrafo verdaderamente excepcional: Henrique Avril. También allí, aunque con menos frecuencia, entrega sus tomas pictorialistas Domingo Lucca.

Ya el siglo XX abre sus puertas, y a las aguas del río de la fotografía venezolana se van sumando muchos fotógrafos, tantos que rebasaría las intenciones modestas de un ensayo como este. Señalo, eso sí, que a lo largo del siglo que recién concluyó la fotografía ganó un espacio significativo dentro del universo de las artes visuales. Ese espacio ganado, sin embargo, aún espera por manifestarse en el mercado del arte, donde lo que el coleccionista está dispuesto a pagar no se corresponde todavía con el valor de las obras.

INCLUSIÓN-EXCLUSIÓN: LOS DOS EXTREMOS DE UN DILEMA

El tema de la inclusión nos remite naturalmente al de su antónimo: la exclusión. Son dos caras de la misma moneda. Estar dentro o estar fuera. Pero ¿estar fuera o dentro de qué? ¿Del ámbito donde se toman las decisiones o de los espacios de la prosperidad económica y la educación o de ambos? Este tema habría sorprendido a los orientales de manera profunda antes de su occidentalización; incluso todavía es un asunto ajeno para algunas naciones de oriente que gravitan sobre una estructura teocrática. De modo que comenzar a pensar sobre el dilema inclusión-exclusión nos remite de inmediato a la ciudad-estado griega y sus primeros intentos democráticos: ese universo en el que nace la civilización occidental, según reza la convención histórica. Fue allí donde, de manera mínimamente organizada y programática, el tema de la inclusión de todos en los asuntos decisivos de la ciudad tomó cuerpo por primera vez. Como se sabe, la democracia, la libertad y los derechos del individuo (valores fundamentales de occidente, que crean instituciones y un sistema de deberes y derechos) van a hacerse carne moderna, no ya clásica, a partir de las ideas de los primeros pensadores liberales, fundamentalmente escoceses, ingleses y franceses, muchos siglos después de que la democracia griega viera destrozar sus naves contra los arrecifes.

Hablarles a los monarcas y a sus cortes de inclusión habría sido un anatema. Precisamente, la fuente de legitimidad del estado monárquico latía en la exclusión de la mayoría, dada la gracia divina que ungía al elegido por Dios para el ejercicio del poder en solitario. En este esquema, las cortes y los favoritos rozaban el poder divino sin abandonar su terrenalidad: suerte de emanaciones fantasmáticas del poder del monarca, los cortesanos estaban cerca y lejos de él, pero sin duda más cerca que la mayoría, que lo desconocía por completo, salvo en el respeto que el fasto conducente a la creación de un imaginario sacralizaba.

Son las ideas liberales las que van a darle cuerpo al valor máximo de occidente: la libertad, sobre la base de una constatación escandalosa para la monarquía: la inadmisibilidad de la condición de súbdito, la deseable e insustituible de ciudadano. Las ideas liberales van a constituir la inspiración y el motor, cronológicamente, de la independencia de las colonias de la Corona británica en América, y de la consecuente creación de los Estados Unidos de Norteamérica; de la revolución francesa, y de las guerras que condujeron a la independencia de las provincias de la Corona española en América y la consecuente creación de las nuevas repúblicas americanas.

Va a ser la exclusión una de las causas principales que condujeron a los criollos a abrazar la aventura independentista. Con toda claridad lo expresa Bolívar en la Carta de Jamaica, acaso el texto más importante de todos los que escribió el caraqueño. Allí asevera, refiriéndose a los americanos en general y a los criollos, en particular:

> Nosotros somos un pequeño género humano; poseemos un mundo aparte, cercado por dilatados mares; nuevos en casi todas las artes y ciencias, aunque en cierto modo viejos en los usos de la sociedad civil.

Ese nosotros al que alude Bolívar es el caso de su familia y su clase social: los criollos que, siendo dueños de la tierra, y en algunos casos inmensamente ricos, como los Bolívar, y súbditos del rey de España, son excluidos por el monarca de los asuntos políticos de su provincia. Este es el meollo: eran súbditos del rey, y como tales tenían los mismos derechos a ser designados capitanes generales y, sin embargo, los excluían sistemáticamente. De modo que el «pequeño género humano» es el de estos hombres en el limbo, detentadores de un enorme poder económico, pero preteridos para el político. Bolívar en esta carta está hablando por los suyos, por su situación más cercana, por su circunstancia, lo que no es óbice para que sus observaciones sean extensibles a la situación de muchos otros. Si los criollos estaban fuera de la cúspide del poder político local, y constituían el punto más alto de la pirámide para los nacidos en América, con más razón los de niveles estamentales más bajos estaban fuera del lugar «donde se batía el cobre». Esta particularidad, insisto, no rasguña ni siquiera un ápice la validez de la gesta bolivariana a favor de la creación de las repúblicas. Conviene recordar que la Carta de Jamaica fue escrita el 6 de septiembre de 1815 y dirigida a un europeo, en respuesta a una consulta, cuando a la epopeya bolivariana le quedaban por delante varios años de cabalgadura.

Si aquellos primeros excluidos por la Corona española son los que hacen las guerras de independencia, y alcanzan a crear las nuevas repúblicas americanas, la exclusión no terminó con su tarea. Los esclavos van a ser definitivamente liberados a mitad del siglo XIX, por una parte, y la creación de un sentimiento nacional será tarea que llevará muchos años más, tantos que algunos piensan que fue obra de la dictadura de Juan Vicente Gómez, ya entrado en cuerpo el siglo XX. Pero una cosa es el sentimiento nacional y otra la participación de la mayoría en los asuntos políticos y el disfrute de las condiciones mínimas para la creación de riqueza. Esto tardó mucho más tiempo, evidentemente, y no les falta razón a quienes señalan que es una deuda pendiente de la Venezuela moderna.

No cabe la menor duda de que la independencia y la constitución de la república, en particular de la República de Venezuela, creada por el congreso reunido en Valencia en 1830, bajo la presidencia del general José Antonio Páez, fueron pasos sustanciales en el camino de la inclusión de sectores de la sociedad, que en el estado monárquico hubiesen podido participar. Pero el caudillismo venezolano del siglo XIX, alimentado en su mayoría por próceres de la guerra de independencia que aspiraban al mando, enfundados en la legitimidad que la gesta heroica les confería: ¿no constituyó un estrechamiento de las posibilidades de participación de la mayoría? Sí, sin duda. Es necesario distinguir entre la vida en busca del poder por la vía de las armas y la vida política, que es naturalmente pacífica y se da con instrumentos civiles. La vida que se inicia en Venezuela después de la independencia no es política, es guerrera, y como tal circunscrita a quienes hacían la guerra, dejando de lado como espectadores, y a la vez dolientes, a la gran mayoría. De modo que si bien la independencia puede considerarse una operación incluyente, la república recién constituida tardó mucho en dar pasos hacia la inclusión de sectores cada vez más numerosos de la población. Esta dificultad se vio favorecida por la preeminencia del estamento militar en la sociedad que sobrevivió a la guerra de independencia, estamento que copó los espacios de participación del poder, al punto de que, entre 1830 y 1945, no más de cuatro civiles detentaron el mando, no sin enfrentar enormes dificultades antes de verse obligados a entregárselo a un militar, nuevamente.

Es evidente que en Venezuela la vida política tardó mucho en llegar a ser tal, una vez constituida la república, sobre todo si consideramos a la política en el sentido que le atribuye Andrés Stambouli, porque la vida en busca del poder no se detuvo en ningún momento, evidentemente:

> La política puede ser descrita como aquella interacción en la que los ciudadanos organizados coordinan sus asuntos comunes y actúan en conjunto, a pesar de sus divergencias y conflictos, sin la imposición de la voluntad de una persona o facción sobre otras. En este sentido, la política presupone una relación de comunidad, en la cual las partes diferenciadas se reconocen recíprocamente como co-miembros de la asociación y comparten algunos valores, metas y actitudes, cultivando la persuasión, la tolerancia y el diálogo para resolver sus desencuentros, como método preferido a la represión o destrucción del adversario.

> (Stambouli, 2002: 6)

Si la Corona española representaba la barrera insalvable para la participación durante los trescientos años de colonización, el caudillismo y todas sus rémoras hizo lo propio para mantener el poder reservado para quienes detentaban las armas y lograban imponerse unos sobre otros, durante todo el siglo XIX y parte del XX. La política como tal, como ámbito civil y pacífico en donde se debaten las ideas y se postulan ante la mayoría decisiva, será intento vano de algunos personajes del siglo XIX. Pero como bandera de una entidad colectiva, que a su vez representaba a una generación, será la de 1928 la primera. Esta generación estudiantil que, a partir de la Semana del Estudiante, organizada por la Federación de Estudiantes de Venezuela y presidida por Raúl Leoni, decide enfrentar las consecuencias de expresar sus ideas, será la que con «sangre, esfuerzo, sudor y lágrimas», Churchill *dixit*, construya un sistema democrático en Venezuela, con el concurso de las generaciones siguientes, que refrendaron y contribuyeron decisivamente en la tarea.

Si bien a partir de Cipriano Castro, y de manera si se quiere inadvertida, fue constituyéndose una hegemonía regional en el mando del país, por otra parte las fuerzas juveniles y modernizadoras hacían, precariamente, su trabajo. Castro, Gómez, López Contreras y Medina Angarita, observando notables diferencias de estilo y de fondo entre ellos, sin embargo representaban la línea de continuidad militar-tachirense que se instaló en el centro del poder desde que Castro partiera de la frontera con Colombia hasta Caracas, decidido a gobernar. Así como es cierto que López Contreras comprendió que su gobierno no podía ser como el de Gómez, y Medina Angarita dio pasos importantes hacia la democratización del país, lo cierto es que llegado el momento decisivo ni uno ni otro pudo convocar a elecciones universales, directas y secretas para la selección del presidente de la república, y se mantuvieron sobre las tablas del teatro electoral en el congreso nacional, donde el país entero sabía de antemano cómo serían los resultados.

Es cierto que los espacios de participación durante estos dos gobiernos se abrieron en buena medida, pero la vanguardia de la sociedad, representada por los líderes políticos que antes fueron estudiantiles, exigía más, mucho más. En el polo opuesto, el estamento militar soltaba las riendas del poder a regañadientes, sentado sobre el inmenso ascendiente de ser el Ejército Nacional la única institución fortalecida privilegiadamente desde la dictadura de Gómez. Ya López Contreras vivió en carne propia esta tensión entre los cuarteles y la calle; igual la experimentó Medina Angarita, hasta que la cuerda se rompió y sobrevino un extrañísimo golpe de Estado en el que fueron aliados dos sectores con proyectos políticos diametralmente opuestos, encarnados en las figuras mellizales y antagónicas de Rómulo Betancourt y Marcos

Pérez Jiménez. Entonces se impuso por tres años un proyecto político de inclusión, que supuso la redacción de una nueva Constitución Nacional que le dio marco al juego democrático, y tuvieron lugar las primeras elecciones universales, directas y secretas, además de modernas, entre nosotros. La educación pública, como era de esperarse en un proyecto de inclusión, estuvo también en el ojo del huracán en el llamado «trienio adeco».

Pero está visto que el proyecto de Acción Democrática y el de Carlos Delgado Chalbaud y Marcos Pérez Jiménez eran distintos, y en noviembre de 1948, el primer venezolano que ostentaba el poder de manera legítima fue depuesto del mando, pasando estos militares, una vez más, a detentar el poder de manera usurpatoria. Se cerraban entonces las puertas de la inclusión que se habían abierto. Por cierto, paradójicamente, los gobiernos de Betancourt y de Gallegos no fueron todo lo abiertos que se suponía que pudiesen ser. Se les acusó de sectarismo, el típico sectarismo de los revolucionarios que para afirmarse excluyen a todo aquel que piense distinto a ellos, y hubo base para esta acusación. Ese pecado infantil, del que rara vez los revolucionarios escapan, también lo cometieron estos hombres, pero aprendieron la lección hacia el futuro, y después de diez años de exilio y persecución, los que regresan al país en enero de 1958 saben que no se puede gobernar eficazmente excluyendo a todo el que no siga sus pasos.

El Pacto de Puntofijo es la expresión del aprendizaje de la experiencia. Betancourt, Villalba y Caldera, de no haberse comprometido con lo acordado, hubiesen naufragado de nuevo ante la fuerza de los militares, y ante la impronta de un enemigo no previsto para el momento de la firma: la izquierda que buscó el poder por la vía de las armas, emulando la gesta de Fidel Castro en Cuba. De modo que el Pacto de Puntofijo, duélale a quien le duela, es, como señaló Luis Castro Leiva en su discurso ante el Congreso Nacional de la República de Venezuela, el 23 de enero de 1998, cuando la democracia cumplía 40 años de andadura ininterrumpida:

> La decisión política y moralmente más constructiva de nuestra historia: no un Festín de Baltasar, ni un pacto entre mafiosos. Fue la construcción racional del camino para pasar de un voluntarismo

político sectario a la realidad de la división del poder político como condición necesaria, nunca suficiente, para el funcionamiento de la democracia representativa consagrada en la Constitución de 1961.

(Castro Leiva, 2002: 38)

El pacto, que en rigor se extendió hasta la salida de URD del gobierno de Betancourt, en 1962, perduró en su modalidad bipartidista en cuanto al poder legislativo durante los años en que este sistema *de facto* tuvo vigencia en Venezuela. Es decir, entre 1969 y 1993, ya que en las elecciones de 1993 el electorado se dividió en cuatro toletes de similares dimensiones, y el bipartidismo se esfumó en las urnas de votaciones. Antes, con las elecciones regionales de 1989 ya se anunciaba esta desaparición.

¿Cuándo la democracia de partidos venezolana comenzó a dejar de ser un mecanismo de inclusión para dejarles espacio a salidas que la negaran? Es una pregunta difícil de responder con exactitud, pero es un hecho que la capacidad constructora del Estado mermó sustancialmente con la crisis del modelo económico que se expresó el famoso Viernes Negro del 18 de febrero de 1983. Desde entonces el Estado como motor del desarrollo con el que soñó Betancourt dejó de cumplir su papel a cabalidad, y en esa misma medida los espacios de participación de la riqueza fueron estrechándose, dejando al sistema democrático cada vez más en deuda con sus electores, hasta que surgió lo previsible: un vengador que ofrecía saldar cuentas y devolverle al pueblo lo que «los corruptos» le habían robado. Pero cuidado: ya antes los electores, hartos de la ineficiencia del sistema de inclusión, se habían entregado en brazos, así lo señalan las encuestas, de una Miss Universo que les ofrecía un reino como el de Chacao para todo el país. Está claro que los electores estaban decididos a cobrarle las afrentas al estamento político, que condenaban al unísono a la política como una actividad hamponil y buscaban salidas de distinto corte, siempre provenientes de la cantera de la antipolítica para poner orden en la catástrofe. Los resultados son por todos conocidos.

Un momento importante de este tránsito reciente es el de la Ley de Descentralización Política y Administrativa que la Copre motorizó, y logró hacer aprobar en el Congreso Nacional constituido en 1989, sobre la base de un acuerdo electoral que adelantaron los dos candidatos con mayor chance: Pérez y Eduardo Fernández. Pero el partido más grande del país, que gobernaba a medias a través de Carlos Andrés Pérez, no tuvo los reflejos de su juventud para comprender que ese era el cambio más importante de la democracia venezolana, y que ese cambio traería como consecuencia una inevitable reforma de los partidos políticos, en su organización interna y en su relación con la nación o, de lo contrario, los partidos mermarían en su significación hasta acercarse a la insignificancia. Su rezago les hizo trastabillar ante lo que han podido capitalizar abiertamente, y desconcertados fueron perdiendo espacios de participación política ante otras organizaciones más preparadas para la nueva situación.

Independientemente de esto que refiero, lo cierto es que los espacios de inclusión se ampliaron considerablemente a partir de esta reforma política de 1989, y hoy en día los electores defienden hasta donde pueden las gestiones favorables de los gobernantes que lo han hecho satisfactoriamente. Es innecesario argumentar a favor de algo tan evidente como es el hecho de que mientras más cerca esté el gobernante del control de sus electores, pues más posibilidades hay de que cumpla con ellos.

Buena parte de la crítica que se le formuló a la democracia venezolana, establecida sobre la base de la Constitución de 1961, guardó estrecha relación con el tema de la representatividad. De allí que en la Constitución del 99 la democracia deja de ser representativa para pasar a ser, al menos como *desideratum*, «participativa y protagónica». Se optó entonces por la democracia directa, en contra de la representativa, inclinándose la balanza a favor del rousseaunianismo típico de las fuerzas de izquierda, desconociendo que los intentos de democracia directa en la *real politik* han derivado, precisamente, en confiscación de los espacios políticos de la mayoría por parte del líder providencial sustituto de la voluntad popular. Es cierto que las democracias representativas tienen consistentes problemas por resolver, pero las soluciones se han dado con éxito en la esfera de las democracias liberales de occidente, y la salida de la democracia directa no pasa de ser una utopía que no ha podido materializarse eficientemente, trayendo consigo exactamente lo contrario de lo que «supuestamente» se propone. Al cabo, Venezuela ha sido llevada hacia estadios de reducción de la participación, creando un signo de exclusión nuevo sobre la base del sectarismo arquetipal de los revolucionarios, y ello ha tenido lugar buscando «aparentemente» lo contrario. He entrecomillado dos vocablos porque resulta cuesta arriba imaginar que los actores que propugnan estos mecanismos de resultados confiscatorios y excluyentes ignoren que el resultado será el contrario del que manifiestan.

Como vemos, el devenir de la inclusión entre nosotros está indisolublemente ligado a nuestras luchas republicanas, primero, y a las que se han dado, y se siguen dando, por una democracia extendida y efectiva. Este camino, que apenas se emprendió hace 46 años de manera consistente, ha arrojado más resultados de los que advertimos, pero actúa en la gente como ocurre con los animales hambrientos: nunca es suficiente el alimento que reciben. Se ve con más claridad lo que falta que lo que ha llegado. En el camino de la profundización de la democracia como espíritu, a esta le falta mucho por imantar y espacios por inundar más allá de los mecanismos de participación política. El camino de la democracia económica, a través de la democratización del capital, y de la democracia social es todavía virgen; también lo es el de las relaciones personales y familiares, tan signado por el espíritu autoritario de raíz árabe-hispana que tanto nos determina.

Quizás lo más significativo de los años que van de 1928, con un punto de inflexión importante en el 14 de febrero de 1936, que luego encuentra continuidad en las primeras elecciones de 1947, y después tienen al 23 de enero de 1958 como símbolo, sea la asunción por parte del venezolano de la democracia como su proyecto histórico. Y la democracia, en sí misma, es el proyecto de inclusión social por excelencia. En esto estamos los venezolanos, por más que en los años recientes haya llegado al poder un conjunto de hombres que no se ha distinguido por ser demócrata ni en su conducta ni, al parecer, en su proyecto político de largo plazo. Solo el tiempo podrá esclarecer si los cataclismos actuales no pasaron de allí o si Venezuela se introdujo de nuevo en un túnel autoritario, dentro de un marco constitucional más vapuleado que digno. En cualquier caso, la prueba es ardua.

BIBLIOGRAFÍA

CASTRO LEIVA, Luis. *El 23 de enero de 1958*. El Centauro Ediciones, Caracas, 2002.

STAMBOULI, Andrés. *La política extraviada. Una historia de Medina a Chávez.* Fundación para la Cultura Urbana, Caracas, 2002.

MIRANDA, EL PRIMERO

De tanto escuchar y leer el título merecido que ostenta Francisco de Miranda, «El Precursor», quizás olvidamos que ello significa que fue el primero en dedicar su vida a la formación de repúblicas en las provincias americanas de la Corona española. Esta condición no hay manera de escamoteársela; tampoco la de haber sido el único gentilhombre de su tiempo en participar directamente en la Independencia de las colonias británicas de América y la creación de los Estados Unidos; en la Revolución francesa, como general victorioso; y en Hispanoamérica, con menos suerte, pero no por ello sin significación.

Tampoco es gratuito que se afirme que no ha habido hispanoamericano de mayor significación universal que este caraqueño. No obstante, suele olvidarse o ignorarse (depende del caso) que es el autor del *Diario* más completo que se escribió en Europa en el siglo XVIII. Los 63 tomos que forman la *Colombeia*, que así los bautizó Miranda, son conceptuados por Josefina Rodríguez de Alonso, quien fue una mirandina acuciosísima, como un monumento. Dice:

> Miranda es, sin duda, el único viajero del siglo XVIII que ha levantado un inventario tan completo de la Europa prerrevolucionaria, dejando de ella una semblanza tan precisa y minuciosa. Sus diarios de viaje hacen del caraqueño Francisco de Miranda el memorialista más completo de la Europa de su época.

Los 63 tomos de la *Colombeia* se inician en enero de 1771 y concluyen en noviembre de 1790. Se advierten en ella tres secciones: la viajera, 26 tomos; la Revolución francesa, 18 tomos; y las Negociaciones, 19 tomos. Este último se refiere a las fatigantes propuestas de Miranda ante Inglaterra y Francia para recibir apoyo en su aventura americana. A la fecha, se han publicado un buen número de tomos de la *Colombeia*, pero todavía falta más de la mitad por publicar. La historia de este documento monumental merece un párrafo aparte.

Gloria Henríquez publicó una investigación extraordinaria sobre la peripecia de estos papeles: *Historia de un archivo. Francisco de Miranda. Reconstitución de la memoria* (Fundación para la Cultura Urbana, Caracas, 2001). En ella me baso: los baúles con la *Colombeia* estaban embarcados en la goleta en que zarparía Miranda de La Guaira, el 1 de agosto de 1812, si no fuera porque Bolívar y sus acompañantes lo hicieron preso y lo entregaron a Monteverde la noche del 31 de julio. Los baúles siguieron rumbo a Curazao, donde fueron confiscados y enviados a Liverpool a las órdenes de lord Bathurst, secretario de Guerra y Marina para su tiempo. Este caballero los depositó en el sótano de su castillo en Cirencester hasta que, en 1925, dos sabuesos que estaban detrás del tesoro, el historiador Caracciolo Parra Pérez y el profesor William Spence Robertson, biógrafo del prócer, dieron con ellos. Entonces, lo compró el Gobierno de Venezuela y los envió a Caracas, donde reposan después de haber estado 112 años perdidos. Esta dilatada circunstancia calza perfectamente con su autor: suerte de intriga policial que combina la buena y la mala fortuna.

En años relativamente recientes se han publicado extractos de la *Colombeia*, bien en su aspecto viajero o bien en todos sus aspectos (*Diario de Viajes. Francisco de Miranda*. Monte Ávila Editores. Selección y prólogo Miguel Castillo Didier, Caracas, 1992 y *Francisco de Miranda. Memorias de un viajero* de Karina Zavarce y Edgardo Mondolfi Gudat, Los Libros de *El Nacional*, Caracas, 2001). Lo que representan estos papeles es difícil de resumir en pocas líneas, pero hablan de un lector consumado y de un escritor solvente; de un hombre que viene tallándose en la trama de la lectura y de alguien que se mueve con miras a un proyecto de vida: liberar América de la dependencia española. Sus observaciones son inteligentes, precisas, acuciosas, siempre buscando el conocimiento, así como confesionales en un aspecto que lo distinguió particularmente: la galantería.

Por supuesto, todavía está por estudiarse la *Colombeia* en su totalidad; más aún, todavía está por leerse, cosa que no todos los que han trabajado su figura histórica han hecho; tampoco los que la han novelado y, la verdad, es una lástima que se desconozcan estos textos que hablan con tanta claridad de un personaje central, muy distinto al que cierta leyenda viene prefigurando como un truhán bien vestido que se codeaba con la nobleza europea, dominado por su vanidad.

La bibliografía mirandina se engrosa año a año. Recientemente salió publicado *Los sueños de un Libertador* (Editorial Roca, Madrid, 2009) del periodista español Fermín Goñi. Una obra periodística que enamora. No busquemos en ella revelaciones o precisiones históricas; más bien sigamos la sorpresa (confesada por su autor) que le produjo el descubrimiento del personaje. Otra es la de don Víctor Paz Otero, *Francisco de Miranda. Soñador de absolutos* (Villegas Editores, Bogotá, 2011). Una historia novelada, que observa al personaje con desconfianza, como si el autor se dispusiese a revelar que no se trataba del hombre que creíamos que fue, tarea que Paz Otero, y cualquiera que lo intente, está en su derecho de adelantar. Estos ejercicios de escritura asistidos por la musculatura del sesgo tienen una virtud: colocan la lupa en los lunares y estos se comprenden mejor; tienen un defecto: no ven con igual fruición los hechos extraordinarios en su aspecto positivo y pasan junto a ellos silbando, en vuelo rasante.

Demos un ejemplo. Dice Paz Otero:

> En Pensacola, y fiel a su ya inquebrantable costumbre de coleccionador de libros y de objetos, compró Miranda veinticuatro volúmenes de gran literatura y de otras obras filosóficas. Consiguió todo lo de Milton, una historia de Escocia escrita por el señor Robertson, y varios tomos que eran biografías de pretéritos monarcas españoles. Y también compró cuatro esclavos. Era la moda para alguien que gusta de vistosas opulencias».

Nótese que la compra de libros no es por lector sino por coleccionista, según el autor. Nótese que así como compra libros compra esclavos y nótese que todo lo hace por opulencia, no porque sea un lector consumado, que lo era; sino por frívolo, por ricachón, por vanidoso.

Estas animadversiones abundan en el libro. ¿Son imperdonables? No, para nada; el autor está en su derecho. Eso sí, si me preguntan por una biografía novelada del personaje que lo trate con sindéresis, no será esta la recomendable. Si me preguntan por una que intente auscultar la otra cara de la luna de Miranda, esta está entre las primeras de la fila. Por supuesto, hay que leer todas las versiones, todos los sesgos, todos los prejuicios. De la combinatoria puede surgir un personaje histórico más complejo, menos plano, con más grises. Además, está muy claro que Paz Otero no está escribiendo un libro académico, con fuentes manifiestas, sino una biografía novelada, con interés en el lenguaje lírico y mucho gusto por los destellos de la contundencia. Bajo estas licencias y en estos ámbitos debe ser valorada la obra.

Se ha dicho hasta la saciedad que Miranda parte de Caracas con una herida en el pecho: el desprecio de los mantuanos a su padre, un adinerado comerciante canario que fue ninguneado por la élite caraqueña. Es cierto, pero de allí a convertir este hecho en la piedra de toque de la avanzada antiespañola de Miranda hay un trecho largo. Afirmar que el rencor es el motor de su gesta es despreciar a Miranda es reducirlo a un ser dominado por la venganza (esa baja pasión) y despreciar su experiencia europea, sus lecturas, sus legítimos deseos de formar una república.

Veamos otras definiciones pazoterianas del personaje que trabaja:

> Continuaba buscándose, era solo un transeúnte errático de su propio proyecto para encauzar su vida. Ese Miranda, al menos en las apariencias, continuaba siendo un frívolo caballero entregado con entusiasmo a los encantos de la vida placentera… y aquel Francisco de Miranda, despreocupado, irresponsable tantas veces, laxo en su moralidad y en sus placeres y en sus formas desafiantes de asumir la responsabilidades de la vida…

Como vemos, don Víctor no se ahorra moralina sobre el personaje, lo va juzgando, lo va cercando con sentencias morales. Es evidente que hay algo en él que le molesta enormemente. Cualquier junguiano advertiría en Miranda a la sombra de quien lo novela. De allí que nadie exagera si apunta que el libro de Paz Otero sobre Miranda también es un libro sobre sí mismo, sobres sus molestias, sobre sus juicios.

En verdad, Miranda es una figura histórica inagotable que despierta encontradas pasiones: el novelista trinitario V.S. Naipaul barre el piso con él; Denzil Romero le dedicó tres novelas, fascinado; Mariano Picón Salas nos legó una de las mejores biografías del personaje; ahora Paz Otero lo coloca sobre el tapete colombiano; Parra Pérez le dedicó años de estudio. En fin, la lista es larga y seguirá engrosándose porque la fuerza de sus ejecutorias y los destellos de su manera de ser están lejos de haberse agotado.

Por otra parte, el biógrafo de varios próceres de la independencia, el ecuatoriano Alfonso Rumazo González, autor de biografías de Bolívar, Manuela Sáenz, Enrique Olaya Herrera, Daniel Florencio O'Leary, Sucre, Simón Rodríguez, José de San Martín, también biografió a Miranda. En *Francisco de Miranda. Protolíder de la independencia americana* (Intermedio Editores, Bogotá, 2006) hace énfasis en un aspecto de la vida del caraqueño que no puede dejarse de lado: era masón y, además, lo fue en grado sumo, ya que la red que fue tejiendo por el mundo en buena medida se la debió a la masonería. De hecho, su amistad con el acaudalado comerciante inglés, John Turnbull se mantuvo hasta el último día de su vida. Fueron amigos en las buenas y en las malas y no fueron pocas las veces que Turnbull lo auxilió en sus necesidades, que fueron ingentes y frecuentes. El examen de la red masónica en América y su influencia en la gesta independentista está por estudiarse a fondo. Probablemente se hallen respuestas a hechos y circunstancias que parecen inexplicables.

LA OBRA DE MANUEL CABALLERO

De los historiadores venezolanos, el dueño de la escritura elocuente. Esto, para empezar, es lo primero que puede decirse de Manuel Caballero (1931-2010), el feraz historiador y periodista barquisimetano que recientemente abandonó este mundo, después de setenta y nueve años de reciedumbre y compromiso con sus ideas porque, hay que decirlo claramente, Caballero era un hombre de ideas, un intelectual.

Su trabajo comprende cinco líneas de realización. La primera (sin ella no hubiesen podido darse las otras): fue un *lector* de una voracidad legendaria. Lo había leído todo, o casi todo y, por supuesto, no solo en su área profesional, sino en las aguas donde necesariamente abreva un hombre culto. La segunda, *el periodismo* (anterior a sus estudios formales de Historia en la Universidad Central de Venezuela y en la Universidad de Londres) lo ejerció toda su vida con una vehemencia como ha habido pocas entre nosotros. La tercera, el *ensayo literario*, que lo distingo de sus trabajos históricos porque se ha advertido poco y es notable, como lo señalé hace veinticinco años cuando publicó *La alegría de leer.* Y cuando digo «literario», señalo a la literatura como su epicentro. La cuarta, la *docencia universitaria*, el trabajo en el aula con los discípulos, donde pudo aquilatar sus hipótesis. La quinta y última del esquema, su *obra de historiador*, que incluye tanto sus investigaciones de largo aliento como sus ensayos de mediana y corta extensión.

La práctica cotidiana del periodismo fue llevando a Caballero a desarrollar una de las escrituras más amenas de nuestra historia. En paralelo con sus ejercicios de historiador, le permitió ensamblar un discurso de rigor científico que jamás olvidó que escribía para la gente, para ser leído. Este es uno de los rasgos más importantes de su obra: su poder de comunicación, elemento esencial que, cuando no se posee, deja las investigaciones en un limbo al que acceden muy pocos, y su posible influencia se pierde en las sorderas del solipsismo. Este no será el destino de la obra de Caballero.

Cuando vaya a hacerse una selección de sus artículos de prensa, quien emprenda la tarea tendrá un desafío titánico ante sí; me tocó enfrentarlo con los 50 años de *Pizarrón* de Úslar Pietri y me tomó semanas confeccionar una selección razonable. El volumen de artículos de prensa de Caballero es probablemente similar y, que yo sepa, él no se animó a trazar los linderos de una antología, salvo haber recogido muchos de ellos en conjuntos de ensayos guarnecidos bajo distintos títulos. Sus artículos de opinión se encuentran en *El Nacional, El Diario de Caracas, El Universal* y *Tal cual*, y su labor semanal comenzó en 1965, de modo que se trata de 45 años de articulismo febril. Está por hacerse esta antología, que debe incluir su conocido seudónimo: Hemezé.

El ensayo literario de Caballero requiere una explicación: no pretendió jamás inmiscuirse en los cotos de la crítica literaria, pero tampoco se abstuvo de comentar libros y obras completas de autores de la literatura con resonancias políticas, históricas o simplemente personales. ¿Por qué habría de hacerlo? Por otra parte, no deja de ser un dato curioso que las primeras publicaciones suyas estuvieran más en los predios del ensayo que de la investigación histórica. Más aún, si pulsamos su cronología advertiremos que Caballero comenzó a publicar libros cuando era un hombre cercano a los 50 años. Esto quiere decir que su obra, de alrededor de treinta títulos, la escribió en un vértigo de tres décadas en las que no dejó de trabajar ni un solo día. No obstante, el primero que alardeaba de perezoso era él, precisamente en ejercicio de su famoso humorismo. De hecho, una de las anécdotas que juraba era cierta, pero siempre creí que era fruto de su imaginación, refería al hecho siguiente: una periodista lo estaba entrevistando en su casa y le preguntó cómo había hecho para escribir tantos libros. Entonces, intervino la señora de servicio y dijo, zafrisca y refistolera: «mija, ese señor no hace nada, se pasa la vida escribiendo».

De su actividad docente el propio Manuel casi no hablaba. En varias oportunidades lo llevé a discurrir ante mis alumnos de la Universidad Metropolitana, quienes seguían el curso con su libro *Las crisis de la Venezuela contemporánea 1903-1992* (1998) y la verdad es que quedaron impresionados del cortocircuito que había entre la elocuencia de la escritura y las dificultades que padecieron para comprender bien lo dicho por Caballero, entre dientes y sonreído. Pero la docencia es una faceta del profesor, la otra es la investigación, y allí Caballero les exprimió el jugo a los archivos, si es que semejante cosa es posible.

Su quinta faceta es en la que sus aportes serán imposibles de obviar, por más que sus enemigos se lo propongan. Su primer trabajo de envergadura es su tesis doctoral en la Universidad de Londres, publicada luego por Cambridge University Press, *La internacional comunista y la revolución latinoamericana*, cuya versión en español es de 1987, circunstancia que lo invistió de un honor singularísimo: ser el primer venezolano que vio editada una obra suya en una casa editorial de más de cuatro siglos de andadura.

Luego, su estudio *Gómez, el tirano liberal* (1993) es de los mejores trabajos de interpretación que se han escrito sobre la época y la figura enigmática del dictador tachirense. Su largamente esperado libro sobre Betancourt, intitulado *Rómulo Betancourt, político de nación* (2004) es, simplemente, lo mejor y lo más completo que se ha escrito sobre la vida y obra del guatireño. Como vemos, los dos personajes centrales de la Venezuela política del siglo XX estuvieron bajo su lupa, y es que esa fue la centuria que se dedicó a estudiar. A la ya citada obra sobre las crisis de la Venezuela contemporánea se suma el publicado este año, su último libro de largo aliento, *Historia de los venezolanos en el siglo XX* (2010), que comenté en el momento de su aparición. Antes, en 2008, se editó *Contra la abolición de la Historia*, que recoge el discurso de incorporación a la Academia Nacional de la Historia, y otros ensayos de teoría histórica, acaso sus piezas teóricas más importantes sobre la tarea del historiador. A estas obras mayores se suman diversos libros de ensayos. Entre ellos, privilegio *La pasión de comprender* (1983); en él se encuentran verdaderas joyas del género («Gonzalo Barrios, un segundón de primera»); *Dramatis personae: doce ensayos biográficos* (2004); aquí se recogen algunas de las semblanzas más agudas que se han escrito sobre López Contreras, Úslar Pietri, Caldera y Ramón J. Velásquez. Conviene recordar ahora que desde hace unos diez años la

126   LA NAVAJA DE OCKHAM. COLOMBIA-VENEZUELA

editorial Alfa creó la Biblioteca Manuel Caballero, por iniciativa de Leonardo Milla, ámbito donde se viene publicando su obra completa y los inéditos que surgieron en la última década, de modo que el lector tiene a mano un corpus organizado por su propio autor, felizmente.

Al final de este brevísimo recorrido por una tarea signada por la fertilidad, es evidente que Caballero nos deja una obra de radical importancia, indispensable para comprender el siglo XX venezolano, período en el que se concentró su trabajo. También nos deja una manera de estar en el mundo y combatir por enmendarlo. Esta disposición, por cierto, tuvo mucho afán en los años recientes, en que no envainó su espada verbal ni un solo día para desafiar al militarismo y el totalitarismo reinantes.

En lo personal, lo recordaré siempre como el amigo cercano que fue, desde mi temprana juventud. Imposible olvidar que siempre atendió mis llamadas de sabueso en busca de una presa, y generosamente me dio pistas para alguna investigación. Me hará mucha falta don Manuel. Sospecho que si marco su número telefónico alguien contestará del otro lado diciendo, como siempre: «Usted dirá». Aunque Manuel era agnóstico, reconocía que la Divina Pastora hacía milagros. A ella lo encomendamos.

LOS ENSAYOS DE UN POETA

No puede decirse que constituya una regla, pero sí es cierto que muchos de los grandes poetas han acometido el ensayo. Incluso, podría afirmarse que los poetas mayores, que son lectores voraces y van tallando una concepción del mundo, en algún momento de sus vidas sienten el llamado de la escritura ensayística. Eugenio Montejo no fue la excepción.

Su primer libro de ensayos, *La ventana oblicua*, fue publicado en 1974 y recoge trabajos escritos entre 1966 y esta fecha. El segundo, *El taller blanco*, fue editado en 1983 y contiene textos de la década siguiente. Entre uno y otro salió de la imprenta *El cuaderno de Blas Coll* (1981) que, si bien se trata de la primera insurgencia de uno de sus heterónimos, y en consecuencia constituye un texto de ficción, no por ello deja de trazar reflexiones ensayísticas. Lo mismo ocurre con *Guitarra del horizonte* (1986) de otro de sus heterónimos, Sergio Sandoval, cuyas coplas son glosadas con anotaciones de singular densidad que, sin duda, forman parte del corpus ensayístico del autor.

No recuerdo haber leído en años recientes ensayos de nuestro ortónimo (que en su caso es seudónimo), pero sí escuché hace unos meses, en una sesión extraordinaria de la Academia Venezolana de la Lengua, la lectura de una conferencia suya sobre la poesía de Francisco Pimentel (Job Pim) donde, además del elogio emocionado de la obra del juglar humorista, Montejo reflexionaba sobre la poesía política. Este tema venía acosándolo, como a todo ser sensible que padece la Venezuela de nuestros tiempos, y buscaba respuestas en la obra de otros bardos venezolanos de anteriores generaciones que hubiesen sido tocados por similar urgencia. Allí estaba, en un anaquel de su biblioteca, Pimentel con una carta en la mano. Este ensayo leído en la Academia certifica que esa veta no se había agotado para Montejo, ya que nos constaba que Blas Coll no había dejado de ensayar.

Los ensayos recogidos en *La ventana oblicua* son devocionales. Lecturas de las obras de Bousquet, Válery, Novalis, Benn, Supervielle, Dávila Andrade, Drummond de Andrade, Rimbaud, Espriú, Machado, Ungaretti, Cernuda, Kafka, Cassou, Jung y dos venezolanos, Ramos Sucre y Sánchez Peláez, trazan un mapa completo de los autores que influyeron en él hasta la fecha, cuando contaba treinta y cinco años. Entre todos estos textos destaca uno centrado en la reflexión sobre la naturaleza de la poesía, y no sobre autor alguno. Se titula «Tornillos viejos en la máquina del poema». Escrito en 1969, contiene ya todos los elementos de la *Ars poetica* que Montejo desarrollará en las próximas décadas. Quien entonces escribe apenas ha publicado un libro, *Elegos* (1967), y cuenta treinta y un años. Aquel joven, por cierto, ya ha asumido el seudónimo que le acompañará toda la vida. Eugenio Hernández Álvarez quedará en el olvido, en los recodos de la sorpresa de los trámites ciudadanos y jurídicos: la cédula de identidad, un documento notariado. El nacimiento del seudónimo lo relata Francisco Rivera en un ensayo luminoso sobre *El cuaderno de Blas Coll* (Rivera, 1983: 72). Allí refiere Rivera que el origen es escolar, ya que el estudiante de bachillerato Hernández Álvarez se ve obligado a escoger un seudónimo literario para el periódico mural, a instancias de sus profesores. Como vemos, si la seudonimia tocó su puerta en la adolescencia, la heteronimia le sobrevendrá en lo que Jung llamaba «la crisis de la mitad de la vida», pero este tema pessoano y fascinante es harina de otro costal.

Volvamos al ensayo programático y previsor. Dice: «La nostalgia de ese pasado en que lo sobrenatural imponía de un modo tan fuerte su sello sobre los hombres, los días, las cosas, todo ello bastaría para explicarnos el sentido de desolación radical que domina la poética de los últimos tiempos». (Montejo, 1974: 61). Líneas más abajo, el poeta explica el mundo al que ha llegado y las dificultades severas que este conlleva para la poesía. Dice: «El mundo al que hemos venido, tiene la impronta de esa mutilación. La agitación espiritual que lo gobierna, proviene del esfuerzo realizado a nivel del pensamiento por suplantar el vacío que queda al ocaso del antiguo universo. El curso de los tiempos, en una inversión total de sus orientaciones, reserva ahora el término herético para quienes afirman la existencia de una espiritualidad superior» (Montejo, 1974: 62). Como vemos, desde muy joven nuestro autor abrigaba la conciencia de haber llegado al mundo en un tiempo de transición: los dioses habían muerto, la vida sagrada pasaba por el mayor desprestigio, la voz poética no hallaba auditorio ni sentido, y quienes la cultivaban formaban parte de la herejía. Años después, en entrevista sostenida conmigo en 1986, afinaba todavía más la reflexión. Afirmaba:

> Lo he repetido en otras oportunidades: la poesía es la última religión que nos queda. Cuando digo poesía, digo arte en general, creación artística. No sé cómo, por ejemplo, se pueda pintar algo válido sin tener un arraigo religioso... Gran parte del malestar del hombre contemporáneo se origina, a mi ver, en el hecho de pertenecer a un mundo modelado por una religión de la pobreza (Cristo es el más pobre y humilde de los hombres) y, comprobar, sin embargo, que no hay civilización más propensa al lucro que la nuestra. Esto produce sentimientos autopunitivos y conductas esquizoides. Habría que asumir por entero la búsqueda de la humildad o bien, si no se puede, desenterrar el culto de los dioses del oro, el culto de Mammon, para acercarnos a la armonía. (Arráiz Lucca, 1989: 145)

Toda la obra poética de Montejo se sustenta sobre esta tarea esbozada tempranamente: buscarle sentido sagrado a la existencia, hacer de la poesía la expresión príncipe de la vida espiritual. Y en el fragor de la labor, encontrar las claves ocultas en la naturaleza, en las estructuras perfectas de Dios que al poeta le toca decodificar. En otras palabras, hallar el *Alfabeto del mundo*, título de su primera antología poética, publicada en 1987.

En *El taller blanco* Montejo añade nombres al catálogo de sus devociones. Pellicer, Cavafy, Biel, otra vez Machado, Blaga y, de nuevo, dos venezolanos: Gerbasi y Ramos Sucre, el recurrente. Ignoro por qué no incluyó en esta selección de ensayos el hermoso prólogo a la *Antología poética* de Fernando Paz Castillo. La obra y vida de este poeta fue siempre objeto de culto para Montejo. En *El taller blanco*, al igual que en el libro anterior, privilegia la reflexión sobre la naturaleza de la poesía. «Poesía en un tiempo sin poesía» es una vuelta de tuerca sobre el mismo tema. Esta vez, el autor advierte que a la desaparición de los dioses se suma la pérdida de la ciudad. Así, el poeta montejiano será un ser sin espacio, un exiliado perpetuo, un equivocado en el tiempo de su advenimiento. Dice: «Hoy sabemos que hemos llegado no solo después de los dioses, como se ha repetido, sino también después de las ciudades». (Montejo, 1983: 16)

A contrapelo de su visión abiertamente nostálgica y pesimista sobre el futuro de la poesía en un mundo desalmado, nuestro autor se deja llevar en las alas del entusiasmo en el texto celebratorio que le da título al libro. Dispuesto a reflexionar sobre la anatomía de los talleres literarios, y después de confesar que no se formó en ninguno, recuerda la panadería de su padre, donde palpó por primera vez la tarea del creador y la atmósfera de lo sagrado. En aquella experiencia infantil-juvenil se decantó el proceso creador: el pan amasado, luego cubierto y protegido, a la espera de ser horneado y, finalmente, el fuego que lo corporiza. El mismo itinerario de un poema. Aquel fue su taller literario y, también, su espacio sagrado, pero perdido, ya que solo sobrevive en su memoria, ausente totalmente de su cotidianidad. Paraíso perdido de la infancia. Zona sagrada.

En el mismo texto, por otra parte, ha dicho: «Solo en la soledad alcanzamos a vislumbrar la parte de nosotros que es intransferible, y acaso esta sea la única que paradójicamente merece comunicarse a los otros». (Montejo, 1983: 66). El ensayista establece claros linderos entre las etapas del proceso: una puede ser colectiva, la del taller literario donde se somete a lectura el texto y se escucha la voz de los compañeros de viaje; la otra, en la soledad indispensable del creador. En su caso particular, a altas horas de la noche, como los panaderos, como su padre, cuando el ruido y la canalla del mundo han cesado.

En la segunda edición de *El cuaderno de Blas Coll,* de 1983, el autor del heterónimo incluye un buen número de páginas que no están en la primera edición de 1981. Se trata de nuevos papeles de Coll, «hallados posteriormente por su creador». Lo mismo ocurre con la tercera edición (1998), con la cuarta (2005); y en la quinta (2006) se suma *La caza del relámpago* de Lino Cervantes, un discípulo de Coll y nuevo heterónimo, que se presenta como coda editorial del libro de su maestro.

El cuaderno de Blas Coll es una obra híbrida. Evidentemente es narrativa, es poética y ensayística, pero también lo es dramatúrgica, ya que el heterónimo Coll es tratado como un personaje, con biografía, anatomía e historia. Naturalmente, no siempre es la voz de su creador. Más aún, Montejo se siente lejos de muchas de sus creencias, y esto solo puede ocurrir cuando se trabaja un heterónimo, nunca sucede con un seudónimo. Tampoco se trata de un *alter ego*, como Maqroll, el Gaviero de Álvaro Mutis. Don Blas Coll ejercía el oficio de tipógrafo en un pueblo llamado Puerto Malo, era politeísta y se empeñaba en reducir las palabras de la lengua castellana a dos sílabas, seducido por la obsesión económica, que consideraba indispensable para la salud del lenguaje. Por ello, creía que los poetas eran los mineros de la lengua y no los académicos. *El cuaderno de Blas Coll* es un libro único en el conjunto de la literatura venezolana. Merece un ensayo exclusivo, tal como lo adelantó Francisco Rivera (el más completo y profundo exégeta de su obra) en el momento de su aparición.

Las glosas de Sergio Sandoval a sus coplas son apuntes reflexivos punzantes, lúcidos, tanto como la introducción que Montejo acuña antes de los poemas de su otro heterónimo, Tomás Linden, en su único poemario *El hacha de seda*, de 1995. Sandoval, a su vez, fue contertulio de Coll en su taller de tipografía y conoció a Eduardo Polo, otro heterónimo, autor de unas rimas infantiles intituladas *Chamario* (2004). Pero si sigo por este camino comenzaría el capítulo de los heterónimos montejianos, asunto distinto y análogo, a la vez, al tema que ocupó estas líneas. La valoración de la obra completa de nuestro poeta, incluyendo la de todos sus heterónimos (Coll, Sandoval, Linden, Polo y Cervantes, los cuatro últimos conocidos como los colígrafos, en homenaje a su maestro) es un desafío placentero que abrigo entre mis planes. Por lo pronto, quedan en sus manos estos apuntes en homenaje a su vida y obra. Esta última, sin la menor duda, una joya capital de nuestra escritura. Única y brillante, como los más codiciados diamantes.

BIBLIOGRAFÍA

ARRÁIZ LUCCA, Rafael. *Grabados*. Academia Nacional de la Historia, Caracas, 1989.

MONTEJO, Eugenio. *La ventana oblicua*. Universidad de Carabobo, Caracas, 1974.

_____. *El taller blanco*. Fundarte, Caracas, 1983.

_____. *El cuaderno de Blas Coll*. Fundarte, Caracas, 1981.

_____. *El cuaderno de Blas Coll*. Alfadil Ediciones, Caracas, 1983.

_____. *El cuaderno de Blas Coll*. Bid & co. Editor, Caracas, 2006.

RIVERA, Francisco. *Ulises y el laberinto*. Fundarte, Caracas, 1983.

ORBIS Y BIBLOS

«La historia es enemiga del misterio».

ALEJANDRO ROSSI

LA FILOSOFÍA DE LA HISTORIA: SIETE VISIONES DEL SIGLO XX

En el presente trabajo me propongo revisar las definiciones de historia y de filosofía de la historia formuladas por siete historiadores del siglo XX, entre finales de la década de los treinta y los primeros años de la década de los sesenta. Seguiré un orden que respeta el tiempo en que salieron los trabajos, pero admite excepciones, como veremos de seguidas. Partiré del ensayo de Johan Huizinga, «En torno a la definición del concepto de historia» (*circa* 1930), para luego seguir con R.G. Collingwood y *La idea de la historia* (1946); Karl Popper, *La sociedad abierta y sus enemigos* (1945); Fernand Braudel, «La larga duración» (1958); Isaiah Berlin, «La inevitabilidad histórica» (1954); Michael Oakeshott, «La actividad del historiador» (1958); hasta concluir con *¿Qué es la historia?* (1961) de Edward Carr.

Después de presentar sucintamente a cada uno de los historiadores, intentaré comprender sus proposiciones fundamentales. Además, iré tejiendo similitudes y diferencias, así como aportes de cada uno, a medida que avance en la lectura crítica de los ensayos. Aclararé el origen de cada uno de los textos, el contexto en que fueron escritos y la fecha y oportunidad de su publicación, ya que algunos son póstumos en su versión editorial, fruto de la labor compiladora de algún discípulo o de algún traductor al español.

En el espacio de las conclusiones arriesgaré algunas; sin olvidar que estoy trabajando con autores que se formaron y trabajaron durante el siglo XX, centuria en la que los estudios históricos alcanzaron un estatuto tan elaborado que resulta difícil hallar formulaciones posteriores que supongan puntos de inflexión significativos.

JOHAN HUIZINGA: UN PANORAMA INICIAL

Pocos saben que el primer interés intelectual del historiador holandés Johan Huizinga (1872-1945) fue la lingüística y, en particular, el estudio del sánscrito, ya que su notoriedad proviene de su obra historiográfica. Estudió en las universidades de Groningen y Leipzig, doctorándose en 1897, para luego impartir la asignatura de Literatura de India en Haarlem y Ámsterdam. A partir de 1905 lo hallamos como profesor de Historia en Groningen y, a partir de 1915, en la universidad de Leiden. En 1919, publica su estudio *El otoño de la Edad Media* y, en 1938, *Homo ludens*; ambas obras le valieron el mayor de los respetos en la comunidad de los historiadores. Estando en Leiden, las tropas nazis cerraron la universidad en 1942 y lo confinaron a un hospedaje en De Steeg. Allí enfermó y murió el 1 de febrero de 1945, a los setenta y tres años, probablemente sin sospechar que muy pronto terminaría la guerra.

El ensayo que trabajaremos, «En torno a la definición del concepto de historia», fue traducido al castellano por el intelectual español (exiliado en México) Wenceslao Roces y publicado en 1946, en la edición de *El concepto de la historia y otros ensayos* que lleva pie de imprenta del Fondo de Cultura Económica. Por más que he indagado acerca del origen de estos ensayos, no he dado con su fecha de publicación en holandés o alemán. Pero ya que Huizinga es confinado a partir de 1942, naturalmente se escribieron antes de esta fecha. Por otra parte, el tono del trabajo que nos interesa es el de una conferencia, pero, lamentablemente, Roces no ofreció el origen del texto ni en esta edición ni en posteriores, por lo que no tenemos manera de saber dónde y cuándo fue pronunciada. Gracias a las citas de Huizinga, sabemos que el texto es de la década de los años treinta, ya que las más cercanas son de 1929. Hecha esta aclaratoria, veamos el texto.

Huizinga parte de las definiciones de Bernheim y Bauer. Las comenta. Señala la extensión de la de Bauer como un defecto «palmario» y busca definir la historia dentro de los parámetros de la cultura. Aclara que la historia trabaja exclusivamente con el pasado y distingue entre este y la tradición. En tal sentido, apunta que cada comunidad entenderá su historia dependiendo de su cultura. Ofrece el ejemplo de Occidente para señalar que nuestra historia será científica, dado el espíritu de nuestra cultura. Finalmente, distingue entre quienes atienden al pasado y ubica cuatro sujetos: el cronista, el autor de memorias, el filósofo de la historia, el sabio investigador. Alude a la conciencia histórica y a la historia como partes integrantes de una cultura y coloca el énfasis en que todo lo que se haga en materia histórica estará referido a su contexto cultural.

Como vemos, para la fecha en que escribe Huizinga, la colocación del acento en el asunto cultural es importante, ya que la tendencia a hacer de la historia una sucesión de hechos narrados fuera de contexto es corriente, así como intentar analizarlos mediante aproximaciones que no atienden al ambiente cultural donde se desarrollan. En este sentido, el aporte de Huizinga es valioso: contribuye a comprender la historia como un aspecto fundamental dentro de un conjunto cultural. Al hacerlo, tiende puentes entre la antropología, la sociología, la psicología y, por supuesto, la filosofía, ya que contempla que la historia se pregunte a sí misma por el sentido y objeto de lo que busca. Sigámoslo:

> Nuestra definición circunscribe la materia de la Historia al pasado de la cultura que es exponente de ella. Da a entender así que todo conocimiento de la verdad histórica se halla delimitado por una capacidad de asimilación que surge, a su vez, de la consideración de la historia. La historia misma y la conciencia histórica se convierten en parte integrante de la cultura; sujeto y objeto se reconocen aquí en su mutua condicionalidad. (Huizinga, 1946: 97)

Como primera aproximación a la filosofía de la historia en el siglo XX, la lectura de Huizinga es enriquecedora, además de que funge como puente entre un siglo y otro, ya que los autores que cita inicialmente provienen de la centuria anterior: Bernheim y Bauer. Así, además, sigue el hilo de su cultura; «ajusta cuentas» y continúa en su discurrir. Amplía el número de sujetos al contemplar a aquellos que no se dedican profesionalmente a la historia, pero trabajan con el pasado (cronistas y memorialistas) y, al hacerlo, implícitamente está considerando a actores históricos, ya que el que escribe memorias por lo general es quien ha sido actor de su tiempo, más que testigo pasivo del mismo. En este campo, la visión amplia y plural de Huizinga dilata los ámbitos de validez desde donde se trabaja con el pasado. Este es un aporte señalable, también.

R.G. COLLINGWOOD Y LA IDEA DE LA HISTORIA

Robin George Collingwood (1899-1943) fue contemporáneo de Huizinga. De hecho, escribió sus textos fundamentales en los mismos años, pero no tenemos constancia de que se hayan leído uno al otro. En todo caso, parece más probable que Huizinga haya leído a Collingwood que viceversa, ya que el primero escribía en alemán y el segundo en inglés. Lo que sí no siembra ningún género de duda es que la reflexión sobre filosofía de la historia de Collingwood es de mayor calado que la de Huizinga, no porque este último no tuviera condiciones para adelantarla, sino porque no se lo propuso, tarea que sí enfrentó Collingwood en sus conferencias y cursos. Antes de continuar, repasemos someramente su hoja de vida.

Nació en Coniston (Lancashire) en 1899. Se graduó en Oxford y, de inmediato, comenzó a dar clases en el Pembroke College (1912) de la misma universidad. Durante la primera guerra, trabajó en labores de inteligencia en Londres y regresó a Oxford al concluir la contienda. Se especializó en filosofía e historia; trabajó exhaustivamente el período del Imperio Romano en Gran Bretaña, así como los temas de filosofía de la historia que desarrolló en conferencias durante los años 1926 y 1928, que luego trabajó con visión de conjunto y ánimo de edición. No vio publicada su obra de mayor resonancia: *Idea de la Historia*, ya que la salud comenzó a fallarle en 1938 y, aunque estuvo trabajando hasta 1940, falleció en 1943. Uno de sus discípulos, T.M. Knox, publicó en 1946 el conjunto de textos y conferencias que forman el libro. La Segunda Guerra Mundial y el cuerpo conspiraron contra Collingwood, pero sus sucesores salvaron sus ideas del olvido. Desde su publicación, este libro es considerado el aporte más importante en lengua inglesa a la filosofía de la historia. Sigue siendo referencia fundamental en la actualidad.

En el subcapítulo «La filosofía de la historia», de la introducción de su libro, *Idea de la historia*, Collingwood comienza por reconocer que el primero que aludió al tema que nos ocupa fue Voltaire y luego se detiene en lo dicho por Hegel. Después, desde su condición de filósofo, explica cómo procede la filosofía. Cito:

> La mente filosofante nunca piensa simplemente acerca de un objeto, sino que, mientras piensa acerca de cualquier objeto, siempre piensa también acerca de su propio pensar en torno a ese objeto. De esta suerte, a la filosofía puede llamársele pensamiento en segundo grado, pensamiento acerca del pensamiento. (Collingwood, 2000: 11)

Más adelante, ubica en el siglo XVIII el momento en que la gente comenzó a pensar críticamente en cuanto a la historia, porque ya lo había hecho en relación con el mundo exterior y fue entonces cuando la especificidad de la historia convocó a un pensamiento filosófico en torno a ella. En otras palabras, la actividad del historiador, en la medida en que fue definiendo un perfil de especificidad, requirió un pensamiento que se enfocara en ella. Luego, Collingwood va procediendo por descarte a preguntarse qué debería estudiar y qué no la filosofía de la historia. En su lógica argumentativa llega a formularse cuatro preguntas vinculadas con la naturaleza de la historia y la de quienes se dedican a su estudio. Aclara Collingwood que, de tan evidentes que son las respuestas, cree que nadie estará en contra de ellas. Afirma:

> Los historiadores de nuestros días piensan que la historia debe ser: a) una ciencia, o sea, un contestar cuestiones; b) pero una ciencia que se ocupe de las acciones de los hombres del pasado; c) investigadas por medio de interpretación de los testimonios; y d) cuyo fin es el auto-conocimiento humano. (Collingwood, 2000: 20)

El aporte collingwoodiano en este esquema es el de la última respuesta. Me refiero al fin último de la historia como «el auto-conocimiento humano»: suerte de deber ser socrático que, en verdad, muchos se animarían a discutir. En todo caso, queda claro que la filosofía de la historia se dedicará a pensar en cómo procede el historiador en su trabajo, no en lo que busca y encuentra, sino en cómo lo hace. Esto, que no es poco, fue aporte meridiano de Collingwood.

KARL POPPER Y LA SOCIEDAD ABIERTA Y SUS ENEMIGOS

Karl Raimund Popper (1902-1994) nació en Viena, en el seno de una familia de profesionales preeminentes. Se doctoró en Filosofía en la universidad de su ciudad natal e inició su carrera profesional como profesor de bachillerato. Dio clases en el Canterbury University College de Nueva Zelanda y en el London School of Economics, hasta que se instala en Penn, Buckinghamshire, donde vivió por más de tres décadas. La reina de Gran Bretaña lo hizo *Sir*, en 1965. En estos años comienza a recibir doctorados *honoris causa* en expresión de reconocimiento por su obra intelectual. Muchos le consideran entre los tres grandes filósofos del siglo XX. Su libro más celebrado, *La sociedad abierta y sus enemigos*, fue publicado en 1945, y será de este de dónde extraigamos el capítulo 25, dedicado a la historia y conclusión del vasto estudio.

En este libro monumental ya citado, donde Popper parte de Platón para luego revisar a Hegel y a Marx, al final su autor se pregunta «¿Tiene la historia algún significado?». Y se responde que depende de nosotros si queremos darle alguno y, en ese caso, cuál. Antes, Popper distingue entre ciencias universalistas y ciencias específicas y señala, con claridad, que la historia pertenece a las segundas, y que poco le sirven las categorías universales alcanzadas por las otras ciencias, ya que esta procede con singularidades. Luego, en la misma secuencia argumental, defiende el carácter interpretativo de la historia, así como su naturaleza perentoria, ya que toda generación está en la obligación de explicarse, desde sus puntos de vista, los hechos humanos del pasado.

La insistencia en establecer la diferencia entre universalismo y especificidad conduce a formulaciones esclarecedoras por parte de Popper. Igualmente, la voluntad de atribuirle a la historia un significado desde una postura política es valiosa. Popper lo hace desde su tesis de la sociedad abierta, teniéndola a ella como medida de todas las cosas. Así, delimita dos campos y fija posición. Escribe durante la guerra, en condiciones adversas, de modo que no sabemos si conocía las tesis de Collingwood sobre filosofía de la historia. En cualquier caso, su posición sobre el significado de la historia es diáfana y concluyente. Llega a ella después de revisar a un autor neurálgico para la comprensión del mundo occidental, sobre todo en sus vertientes utópicas: Platón. Y, por supuesto, tampoco es gratuito que después de este autor revise a Marx, para luego diseñar la tesis de las sociedades abiertas en contraposición a las cerradas; tan utópicas como platónicas y marxistas. En este sentido, Popper desnuda la alianza entre historia-utopía-poder, a partir del señalamiento de las sociedades utópicas autoritarias, partiendo de Platón, naturalmente, y continuando con la última utopía: el marxismo.

FERNAND BRAUDEL Y LOS TIEMPOS HISTÓRICOS

La importancia de Fernand Braudel (1902-1985) para los estudios históricos está fuera de toda sospecha. Perteneció al grupo editor de la revista *Annales*, en Francia, que de tanta relevancia que tuvo, algunos hablan de la Escuela Annales. Fue director de la publicación, después de quien fue su maestro: Lucien Febvre. Al igual que Popper, Braudel inició su vida laboral como profesor de bachillerato, pero a diferencia del austríaco, dio clases en un liceo en Argelia, donde creció en él su fervor por el mediterráneo. Luego, pasó a impartir asignaturas en la universidad en Francia. Vivió en Brasil durante tres años, cuando trabajó en la universidad de Sao Paulo. La Segunda Guerra Mundial lo llevó al frente de batalla y a la prisión en Alemania; allí comenzó a escribir en su memoria el libro monumental *El mediterráneo en tiempos de Felipe II*, ya sobre la base de sus tesis sobre los tiempos históricos. Fue incorporado a la Academia Francesa, y recibió los reconocimientos debidos.

En 1958, en la revista *Annales*, publica Braudel su ensayo «Historia y ciencias sociales»; en él, trabaja el tema de la larga y la corta duración. Comienza por señalar la querella que entonces se da entre las ciencias del hombre, acerca de los límites de cada una, las yuxtaposiciones, los solapamientos y los deslindes. Cree que de aquella contienda saldrán fortalecidos en sus definiciones o «de mal humor» e insatisfechos los adversarios. Las dos suposiciones tuvieron lugar. Visto a la distancia, no fue en balde el esfuerzo. Luego, afila el bisturí y la emprende contra lo que llama «la historia tradicional». De esta crítica surgió su tesis sobre la duración de los tiempos históricos. Dice: «La historia tradicional muy atenta al tiempo breve, al individuo, al acontecimiento, desde hace mucho tiempo nos ha habituado a su relato precipitado, dramático, de corto aliento». (Braudel, 1991: 41)

Líneas más adelante, insiste en precisar todavía más el ámbito y las consecuencias de la corta duración y, en particular, trabaja el significado del vocablo «acontecimiento». Dice: «Por mi parte, quisiera circunscribirla, aprisionarla en la corta duración: el acontecimiento es explosivo, novedad sonora, como se decía en el siglo XVI. Con su abusiva humareda, llena la conciencia de los contemporáneos, pero casi no dura, su flama apenas logra verse». (Braudel, 1991: 42)

Como vemos, Braudel va abonando el terreno a favor de su tesis de la larga duración, tesis que reserva para el oficio del historiador, ya que considera el tiempo corto el propio de los cronistas y los periodistas. También, líneas más adelante se esmera en demostrar que la «historia tradicional» se ha dedicado exclusivamente al hecho político, cautiva dentro del tiempo corto y limitada por el acontecimiento. Para cuando Braudel está «lanzando estos dardos», los disparos son de temer, ya que esta posición entonces no hallaba muchos acompañantes, más allá de sus colegas de la revista *Annales*. Un valor añadido a la tesis a favor del tiempo largo lo entregó el propio autor con su estudio sobre el mediterráneo, de modo que no hablaba alguien que iba a desarrollar su tesis posteriormente, sino que la obra sobre el mediterráneo ya había sido publicada en 1949. La *auctoritas* de quien esgrimía la tesis era consistente.

Pero hay dos aspectos más en la tesis de Braudel que son de suma importancia. Me refiero a la comunicación entre las ciencias del hombre, a las que el autor considera un paso hacia delante en el desarrollo de las ciencias y, además, que este adelanto se lo atribuye a historiadores franceses. La génesis de este proceso de contaminación beneficiosa lo halla en la *Revue de Synthese Historique*, de 1900, que encuentra continuidad en *Annales*, a partir de 1929. Además, afirma:

> El historiador ha querido volver su atención a todas las ciencias del hombre. Eso es lo que da a nuestro oficio extrañas fronteras y extrañas curiosidades. Además, entre el historiador y el observador de

las ciencias sociales no nos figuramos las barreras y las diferencias de ayer. Todas las ciencias del hombre, comprendida la historia, están contaminadas unas con otras. Hablan el mismo lenguaje o pueden hablarlo. (Braudel, 1991: 51).

Como vemos, la consagración de la interdisciplinariedad es un hecho en el pensamiento de Braudel. No cabe la menor duda de que su concepción de la historia forma parte de una idea global de las ciencias del hombre.

El segundo aspecto que anuncié antes es el de la primacía del proceso social sobre el individuo. Esto, que no está dicho con el mismo énfasis que emplea para defender otras tesis, a la larga ha tenido tanta influencia como la clasificación de la duración de los tiempos históricos. De hecho, uno de los que primero reaccionan en contra de la primacía de lo social sobre la circunstancia individual es Isaiah Berlin, como veremos luego. En resumen, a la importantísima tesis sobre la necesidad de estudiar la historia dentro de parámetros de larga duración, atendiendo a aspectos que van más allá del acontecimiento político, se suma el acento que Braudel coloca en el proceso social, minimizando el efecto del individuo sobre el mapa de la historia. Además, la defensa de la interdisciplinariedad es ardorosa y, entonces, valiente. Todavía se hace necesaria invocarla con frecuencia.

ISAIAH BERLIN: UN ALEGATO A FAVOR DEL INDIVIDUO

El profesor Isaiah Berlin (1909-1998) nació en Riga (Letonia), pero se formó en Gran Bretaña, a donde sus padres emigraron. Decía de sí mismo que era británico, judío y ruso. Estudió PPE (Filosofía, Política y Economía) en el Corpus Christi College de Oxford, donde se graduó. Fue profesor en el New College y en el All Souls, ambos de Oxford, donde también fue rector fundador de Wolfson College, en 1966. Su vida académica e intelectual, y toda su obra escrita, tuvieron a Oxford como único ámbito. Muchos lo consideran entre los grandes filósofos políticos del siglo XX. Su concepto sobre las dos formas de libertad es ya un clásico para los estudios políticos. Sus aportes a la historia de las ideas son de gran significación. El texto que comentaremos sucintamente es fruto de una conferencia dictada en 1954, fecha de publicación del mismo. Se titula «La inevitabilidad histórica» y está recogido en la antología de sus ensayos, organizada por Henry Hardy, publicada con el título *Sobre la libertad*.

Aunque en ningún momento lo específica, es evidente que Berlin en este texto está polemizando con los historiadores agrupados en torno a la revista *Annales*. En los primeros párrafos deja claro acerca de cuál concepción historiográfica va a reflexionar. Dice:

> La idea de que se pueden descubrir grandes leyes o regularidades en el proceso de los acontecimientos históricos atrae, naturalmente, a aquellos que están impresionados con el éxito que tienen las ciencias naturales en clasificar, correlacionar y sobre todo, predecir. Consecuentemente, intentan ampliar el conocimiento histórico, de forma que cubra los vacíos del pasado (y, a veces, para construir en el vacío sin límites del futuro), aplicando el método científico: extendiendo este conocimiento, armados con un sistema metafísico o empírico, a partir de las áreas aisladas de certeza, o virtual certeza, que pretenden poseer. (Berlin, 2004: 133)

Más adelante, indaga en el trasfondo teleológico de esta concepción, hallando sus resortes primitivos, dejando al desnudo el origen de esta necesidad del hombre de buscarle explicaciones predeterminadas por una suerte de voluntad divina o, en su defecto, propia de leyes sociales descubiertas o por descubrir. En una suerte de otra «vuelta de tuerca», Berlin señala:

> La idea de que la historia obedece a leyes, sean estas naturales o sobrenaturales, y de que todo acontecimiento de la vida humana es un elemento de una estructura necesaria, tiene profundos orígenes metafísicos: el apasionamiento por las ciencias naturales alimenta su desarrollo, pero este no es solo su única fuente ni, por supuesto, la principal. En primer lugar está la concepción teleológica del mundo, cuyas raíces se remontan a los comienzos del pensamiento humano. Se presenta en muchas versiones, pero lo que es común a todas

ellas es la creencia de que los hombres, todas las criaturas vivientes y quizás también las cosas inanimadas, no son meramente lo que son, sino que tienen también determinadas funciones y persiguen determinados propósitos. (Berlin, 2004: 141)

Siguiendo su línea argumental, dentro de su enfrentamiento con la idea determinista de la historia, la emprende contra el carácter científico que muchos le atribuyen a los estudios históricos. Berlin se pregunta si tiene alguna utilidad práctica discurrir sobre el particular, ya que, según él, todos los intentos por categorizar la historia terminan en simplificaciones estériles. Sin ser demasiado categórico, afirma que la historia no es una ciencia en el sentido en que lo son las ciencias naturales y, al no serlo en ese sentido, no puede hablarse de leyes que permitan predeterminar lo que va a ocurrir ni analizar lo que ha ocurrido para la sombra de una explicación teleológica.

Evidentemente, está blandiendo una espada contra lo que llama las teodiceas de la historia (Schelling y Toynbee); contra los Saint-simonianos; contra Hegel, Comte, Darwin y Marx. A este último, le reconoce haber alcanzado la más elaborada formulación. Afirma: «De todas estas, el marxismo es con mucho la más audaz y la más inteligente, pero los que la practican, por mucho que hayan añadido a nuestro conocimiento, no han conseguido su noble y poderoso intento de convertir la historia en una ciencia». (Berlin, 2004: 196)

Más adelante, siempre dentro de su tarea de deconstrucción del determinismo histórico, vuelve con sus argumentos de peso. Dice:

La creencia en un determinismo histórico de este tipo está, por supuesto, muy extendida, especialmente en lo que yo quisiera llamar su forma historiosófica, con lo cual quiero decir las teorías metafísico-teológicas de la historia, que atraen a muchos que han perdido la fe en ortodoxias religiosas más antiguas. (Berlin, 2004: 200)

Finalmente, debo señalar que si he citado *in extenso* es porque las observaciones de Berlin son sumamente agudas y porque articulan una crítica a la mayoría de las posiciones sobre la filosofía de la historia para entonces conocidas, tanto de la izquierda como de la derecha del espectro político de su tiempo. No solo disecciona las posiciones de Marx, sino que las de Darwin, o las que dieron origen al fascismo e, incluso, las de los liberales británicos, son objeto de sus observaciones críticas. En suma, señalo el valor de la crítica berliniana al determinismo histórico, a las pretensiones científicas y, además, apunto la importancia de afirmar que el individuo también cuenta, que la historia no está tramada de hechos colectivos impersonales e inevitables, sino que el hombre (y el azar) forman parte de la historia. Apunto la coincidencia entre Popper y Berlin en cuanto al propósito de cuestionar la autoridad de la ciencia y negar la pretensión de hacerlo.

MICHAEL OAKESHOTT Y LA ACTIVIDAD DEL HISTORIADOR

El prestigio intelectual de Michael Oakeshott (1901-1990) no ha dejado de crecer. Nacido en Inglaterra y educado en el Gonville and Caius College de la Universidad de Cambridge, donde se graduó en historia, trabajó en filosofía política y en filosofía de la historia, dejando una obra que muchos juzgan, simplificándola, como exponente del pensamiento conservador o liberal. En este ensayo nos concentraremos en un texto publicado en 1958, titulado «La actividad del historiador», recogido en su libro *El racionalismo en la política y otros ensayos*.

Oakeshott distingue tres actitudes en relación con el pasado: la práctica, la científica y la contemplativa. Las tres dependen de quien interpreta los hechos ocurridos. La práctica puede desarrollarla un abogado en ejercicio de una argumentación, valiéndose del pasado para abogar por una causa. La científica surge cuando los hechos ocurridos tienen un valor independiente del individuo. Es decir, no son auscultados con un fin particular, sino que están allí, autónomos. La contemplativa refiere al que visita al pasado en busca de imágenes, de referencias para una obra de creación o para cualquier otro fin distinto al de pulsarlo científica o prácticamente. Esta taxonomía responde al objeto de búsqueda, del sujeto, en el pasado. En tal sentido, el objeto determina la manera como se visita lo ocurrido.

Luego, el autor señala la diferencia que mantienen la saga o la leyenda (que se hacen de los hechos pasados con un sentido específico), de la actividad del historiador. Acerca de esta, concluye en que al «historiador no le interesan las causas sino las ocasiones» (Oakeshott, 2001: 176), ya que según el autor lo que busca el historiador es la coherencia entre las contingencias, más que las causas como tales. Esto, que para algunos puede parecer una sutileza, no lo es, ya que no es lo mismo buscar causas en búsqueda de «la verdad histórica» que hallar las relaciones entre las contingencias. No tercia Oakeshott en la diatriba sobre la naturaleza científica o no de la actividad del historiador, sino que zanja el dilema, lo obvia desde una instrumentación práctica.

E.H. CARR Y UNA PREGUNTA CENTRAL

Edward H. Carr (1892-1982) estudió en el Trinity College de la Universidad de Cambridge. Se desempeñó como diplomático de la cancillería británica entre 1916 y 1936. En esos años se fascinó con la historia de Rusia y comenzó a tomar apuntes para su vasta obra: *Historia de la Unión Soviética*, publicada en diez tomos entre 1950 y 1978. Al finalizar la guerra, entra como *fellow* del Balliol College de Oxford. Culmina su vida académica en el Trinity College de la misma universidad. En 1961, publica su ya clásico *¿Qué es la historia?*, texto que auscultaremos en las líneas que siguen.

Después de reconocer en Collingwood al «único pensador británico de este siglo que haya realizado una aportación seria a la filosofía de la historia», y de hacer un recorrido atento por el pensamiento acerca de la naturaleza de los estudios históricos, y en torno a la pregunta que titula su libro, Carr se detiene en las funciones del historiador, su tarea. Afirma: «La función del historiador no es ni amar el pasado ni emanciparse de él, sino dominarlo y comprenderlo, como clave para la comprensión del presente». (Carr, 1999: 71)

Luego, ya respondiendo la pregunta que se formula como norte de su disquisición, señala: «Mi primera contestación a la pregunta de qué es la Historia será pues la siguiente: un proceso continuo de interacción entre el historiador y sus hechos, un diálogo sin fin entre el presente y el pasado». (Carr, 1999: 76). Ya al final del texto, el autor da otra vuelta de tuerca y le señala otras funciones a la historia, siempre desde la conciencia del actor fundamental del proceso. Dice:

> La historia es la larga lucha del hombre, mediante el ejercicio de su razón, por comprender el mundo que le rodea y actuar sobre él. Pero el período contemporáneo ha ensanchado la lucha de una forma revolucionaria. El hombre se propone ahora comprender y modificar, no solo el mundo circundante, sino también a sí mismo; y esto ha añadido, por así decirlo, una nueva dimensión a la razón y una nueva dimensión a la historia. (Carr, 1999: 202)

Antes de llegar a esta conclusión, el autor se ha detenido en la influencia que Rousseau ha tenido en la conciencia histórica, a partir de sus tesis que colocan el acento en la responsabilidad individual y colectiva. También, se ha detenido en Marx, quien le atribuye un norte revolucionario, transformador, a la tarea del hombre en su dimensión histórica, ya que de lo contrario, según él, no tendría sentido su existencia. Como vemos, Carr en relación con la filosofía de la historia remite a la autoridad de Collingwood. Intentemos ahora algunas conclusiones.

CONCLUSIONES

El primer autor que pulsamos fue Huizinga, quien ubica a la historia y a la conciencia histórica dentro de un panorama más amplio: la cultura. Además, deslinda entre los sujetos que visitan el pasado, entre ellos el historiador. Con Huizinga, el ámbito en el que emerge la conciencia histórica ensancha sus linderos. Luego, con Collingwood, que reconoce los antecedentes de Voltaire y Hegel, alcanzamos la primera definición precisa de filosofía de la historia. Es unánime reconocer a este filósofo-historiador como el que hizo explícita la tarea del asunto que nos ocupa. Así, en el momento en que quien estaba trabajando profesionalmente la historia pensó en lo que estaba haciendo, comenzó el camino de la filosofía de la historia. Esto, sin duda, lo esclarece Collingwood. El aporte de Popper podemos cifrarlo en considerar válido atribuirle un significado a la historia, desde la posición filosófica que se tenga, y atendiendo a la diferencia entre ciencias universales y específicas.

Y así como Collingwood es piedra fundacional, Braudel es punto de inflexión sustancial. Al hacer la crítica de la historia reducida al acontecimiento, en el tiempo corto, va esbozando su tesis sobre la necesidad de comprender los hechos dentro de la larga duración. Este concepto cambió las dimensiones y el enfoque del trabajo del historiador. También, al dibujar el mapa de la interdisciplinariedad, fijó unos linderos muy amplios, unos vasos comunicantes, entre distintas disciplinas del hombre. Esta amplitud ha sido enriquecedora. Además, al colocar el énfasis en los procesos sociales y no en el individuo, provocó un duelo intelectual valiosísimo, que todavía está en pie. De hecho, Berlin responde a él, y aboga por la primacía del individuo en la historia, señalando que privilegiar lo social de manera excluyente conduce a desafueros; así como a la pretensión de creer que hay leyes en la historia y, por ello, puede considerarse una ciencia. Como vemos, las proposiciones de Braudel provocaron una suerte de ortodoxia en las filas de sus seguidores y, además, un esfuerzo de clarificación en las filas contrarias; de allí el lúcido aporte de Berlin.

Finalmente, los aportes de Oakeshott son menores en este campo, pero no por ello los dejamos de consignar. En particular, la clasificación que puede tenerse ante el pasado dependiendo de lo que se quiere de él. Se refiere a la actitud práctica, científica o contemplativa. Por último, Carr reconoce el aporte definitorio inicial de Collingwood y se anima a acotar algunas observaciones, entre ellas que a partir de Rousseau y Marx el hombre no solo se esmera en comprender la historia sino en transformarla, en empeñarse en una tarea revolucionaria. Así, llegamos al final de este resumen conclusivo.

La primera conclusión a la que se puede llegar es que la historia es un campo donde la interpretación no cesa; en consecuencia, no hay ninguna posibilidad de contar con hipótesis probadas que tengan fuerza de ley, como ocurre con las ciencias naturales. No hay ninguna ley de la gravedad en materia histórica. Nadie puede decir que los hechos se repiten de manera exacta en el ámbito de la historia, de tal forma que la cientificidad de la historia es distinta a la de las ciencias naturales. Esto queda claro.

La segunda conclusión a la que puede llegarse es que, ciertamente, la mejor manera de comprender los fenómenos históricos es ubicándolos dentro de un marco cultural vasto, apelando a la interdisciplinariedad y en un período de larga duración. Así, la premisa de Collingwood de pensar qué hace el historiador mientras historia puede materializarse mejor. En este sentido, la ampliación de los linderos que trajeron Braudel, y sus compañeros de *Annales*, es indudable.

La tercera conclusión nos viene dada por el llamado de atención de Berlin. No hay tales leyes en la historia, de modo tal que no es una ciencia en los términos clásicos y, además, el individuo no puede ser obviado en aras de los procesos sociales. El individuo también cuenta. Esta observación le sale al paso a la idea según la cual los procesos van a ocurrir independientemente de los individuos que forman parte de ellos. El nazismo sin Hitler no hubiera sido tal, según la posición de Berlin; tampoco el stalinismo. Este punto es de importancia, ya que en la concepción braudeliana, que coloca el acento en los procesos sociales, el nazismo y el stalinismo hubieran ocurrido igualmente sin ellos, ya que anidaban en el cuerpo social que los engendró y los produjo, aunque la verdad es que no hay forma de obviar el sesgo personal que los protagonistas les imprimen a los procesos colectivos que comandan.

Hasta aquí las conclusiones. Creo haber ofrecido un recorrido a lo largo de las posiciones centrales acerca de la filosofía de la historia durante el siglo XX, pero esto que afirmo el lector será quien lo juzgue.

BIBLIOGRAFÍA

AGUIRRE ROJAS, Carlos A. *Braudel y las ciencias humanas*. Editorial Montesinos, Barcelona, 1996.

ANTISERI, Darío. *Karl Popper protagonista del siglo XX*. Instituto de Estudios Económicos, Italia, 2002.

BERLIN, Isaiah. *Sobre la libertad*. Alianza Editorial, Madrid, 2004.

BRAUDEL, Fernand. *Escritos sobre historia*. Fondo de Cultura Económica, México, 1991.

CARR, Edward H. *¿Qué es la historia?* Editorial Ariel, Barcelona, 1999.

COLLINGWOOD, R.G. *La idea de la historia.* Fondo de Cultura Económica, México, 2000.

HUIZINGA, Johan. *El concepto de la historia y otros ensayos.* Fondo de Cultura Económica, México, 1946.

OAKESHOTT, Michael. *El racionalismo en la política y otros ensayos.* Fondo de Cultura Económica, México, 2001.

POPPER, Karl. *La sociedad abierta y sus enemigos.* Editorial Paidós, España, 1981.

VARIOS AUTORES. *Isaiah Berlin. La mirada despierta de la historia.* Tecnos, Madrid, 1999.

DEL IDIOMA, SU VEHÍCULO: EL LIBRO*

Lo que voy a referirles surge de la lectura de una conferencia de Karl Popper, dictada en Viena en 1982, e intitulada «Los libros y las ideas», recogida en su libro *En busca de un mundo mejor* (1984). Luego, la conferencia me llevó a adentrarme en la fascinante autobiografía intelectual del filósofo vienés, sin duda una de las mentes más lúcidas de nuestro tiempo. Ese impulso inicial popperiano que tuve se alimentó con otra lectura, la de un volumen verdaderamente ciclópeo: *Introducción a la historia del libro y de las bibliotecas* (1971) de Agustín Millares Carlo. Esta obra monumental, por cierto, fue escrita en parte en Maracaibo, ciudad a la que vino a vivir Millares Carlo a partir de 1959, año en que fue invitado por la Universidad del Zulia a trabajar en Venezuela. El otro texto leído, que precedió a estas líneas, es de don Manuel García--Pelayo, publicado por Monte Ávila Editores en 1976, e intitulado *Las culturas del libro.* Comencemos con un hombre tocado por el Dios de la lucidez: Popper, el autor de un libro indispensable para la filosofía política del último siglo: *La sociedad abierta y sus enemigos* (1945).

En varias oportunidades Popper llamó a la sociedad griega de Atenas, la de Pericles y la democracia, el «milagro ateniense», y pasó buena parte de su vida intelectual buscando la explicación al milagro que allí tuvo lugar. Ya viejo, llegó a una conclusión valiosísima. Afirmaba el sabio austríaco que allí pasó lo que pasó porque tuvo lugar un «choque de culturas, entre las culturas del mediterráneo oriental», y luego señala que se trató del primer gran choque entre las culturas de Occidente y Oriente, que fue el tema central de Homero y suerte

*Discurso pronunciado en el Paraninfo del Palacio de las Academias Nacionales con motivo del Día del Idioma, 23 de abril de 2007.

de *leitmotiv* de la literatura griega y, en consecuencia, de la literatura del mundo occidental.

Más adelante, en la misma conferencia, asienta afirmaciones en un párrafo que, por su contundente significación, copio completo:

> La épica de Homero existía hacía unos 300 años. Pero no fue hasta el 550 antes de Cristo cuando se recopilaron sus versos y se pusieron por escrito, saliendo a la venta para el público. Hasta entonces el conjunto de estos escritos solo lo conocían los recitadores profesionales, los homéricos, los rapsodas homéricos. Estos escritos, que fueron objeto de numerosas copias por parte de esclavos alfabetos sobre papiros importados de Egipto, se pusieron entonces a la venta pública. Esta fue la primera publicación de un libro. Aconteció en Atenas, y según la tradición, por iniciativa del gobernante de Atenas, el tirano Pisístrato. (Popper, 1992: 135)

No señala Popper la fuente de donde obtiene la información, pero la lectura del libro de Millares Carlo no desdice de lo afirmado. No estoy sugiriendo que Popper leyera la obra de Millares, ya que no leía ni hablaba español. Sí indico que en la documentadísima obra, aunque su autor no se arriesga a señalar cuál fue el primer libro vendido, concuerda en ubicar a estos años como los iniciales de la difusión del libro. Por supuesto, estamos refiriéndonos a rollos en papiros egipcios, transcritos por esclavos a quienes en la Atenas pisístrata se les encargaba la tarea.

Todo el cuadro anterior es sorprendente a la luz de nuestros días. Los poemas homéricos los transcriben los esclavos, y la difusión de las copias las respalda un tirano. Es una lacerante paradoja que el objeto más democrático que haya creado el hombre haya sido parido por manos que no eran libres y respaldado por un dictador, pero así fue. Luego, en tiempos del Imperio romano, la encuadernación sustituyó al rollo, y las portadas surgieron como piezas de importancia, no solo por su funcionalidad informativa, sino por su ornamentalidad. Pasado el imperio, y Occidente en curso de la Edad Media, signado por Agustín de Hipona y Tomás de Aquino, el libro se encerró en donde se conservaba el saber: en el claustro, en el monasterio. Este período lo novelizó un paradigmático semiólogo italiano, Umberto Eco, en *El nombre de la rosa*, homenajeando a Jorge Luis Borges al querer que el monje custodio fuese ciego, como el argentino y Homero, naturalmente. La obra, en su versión cinematográfica, dirigida por Jean Jacques Annaud y protagonizada por Sean Connery, no traiciona a la escrita.

Me seducen más las tesis que explican el desarrollo histórico desde la continuidad y la tradición que desde la ruptura y la revolución. Por ello creo que es reduccionista, y por ello maniqueo, pensar que el Renacimiento haya sido una suerte de revolución, reactiva y dialéctica, en contra de la Edad Media, pero tampoco lo entiendo como una continuidad apacible. Inexplicable será el Renacimiento si no hallamos sus gérmenes en el pasado inmediato; incluso podría decirse que en los matices que se agazapaban en la medievalidad. Que la puesta al día de Platón es obra agustiniana es evidente, así como Aristóteles revive con Aquino, consustanciándose el pensamiento de ambos con la cristiandad. También, fue tarea de árabes que las obras de estos no se perdieran todas en el hueco negro del tiempo, y fue fruto del sincretismo que sobrevivieran para los ojos occidentales. Toda esta operación, seguramente más silenciosa que los cantos entonados en las iglesias, tenía lugar en aquellos recintos donde el saber pasaba de un manuscrito a otro, gracias al monje copista que salvaba de la desaparición, con su pluma, lo que ya estaba escrito.

En el Museo Británico reposa un ejemplar de la *Sutra de diamante*, impreso en China hacia el año 868, y hallada en 1900, según certifica Millares Carlo, de modo que cuando hablamos de la aparición de la imprenta, y prendemos velas en el altar de Gutenberg, se entiende que lo estamos haciendo como occidentales, ya que seis siglos antes en la China se conocía el arte de imprimir. Las relaciones entre Oriente y Occidente han sido mayores de lo advertido por nosotros. De hecho, tienen fundamento las tesis sobre el origen del papel, no el papiro, en China, y de los árabes (de nuevo) como quienes lo dieron a conocer en Occidente. Como vemos, una vez más, del encuentro de culturas, de eso que Popper llama el «choque de Oriente y Occidente» han surgido muchas chispas fecundas. Innecesario será abogar por esto: es demasiado evidente que el pluralismo es fértil y la unanimidad estéril.

Hecha la reverencia histórica a China, lo cierto es que en Occidente la masificación del libro comienza con Gutenberg, aunque no faltan quienes abogan por Holanda y Francia como espacios donde se dispuso de las primeras imprentas. En cualquier caso, coincide la aparición de la imprenta con la paulatina salida del conocimiento del claustro medieval o, también puede ser visto así, de la laicización del monasterio. Con este proceso contribuyó mucho la creación de las primeras universidades en Oxford, Cambridge, París y Boloña, a principios del siglo XIII, ya que si bien estos recintos académicos nacieron de la mano de la Iglesia, muy pronto las cuestiones de la ciencia se enfrentaron con las de la fe, y la primera avanzó negando postulados de la segunda, y no fueron pocos los que pagaron con sus vidas el desafío de los dogmas. Y fue la lectura de libros lo que estuvo en la raíz del nacimiento de la institución universitaria. Recuérdese que antes el saber lo detentaba el sacerdote, el Oratores, que estaba autorizado para transmitir el conocimiento contenido en los libros sagrados. Fue en la universidad en donde el libro fue erigiéndose como un vehículo libre, autónomo del *Orator*, y al alcance de la mano del estudiante. Todo este paso del mundo medieval al renacentista, con la universidad como epicentro, lo trabaja esclarecedoramente García-Pelayo en el texto aludido al principio. Al final de su ensayo, el español asienta:

> En conclusión: el Libro Santo abría un horizonte definitivo, era un punto de llegada y de instalación definitiva: pero el insatisfecho hombre occidental ha sentido la necesidad de ampliar constantemente su horizonte o de buscar nuevos horizontes, solo perceptibles desde sus adecuadas perspectivas, y de este modo ha concebido el libro como un constante punto de partida, como un momento de un continuado desarrollo dialéctico; no como relación de un *logos*, sino como desvelación de distintos *logos* frecuentemente contradictorios entre sí, hasta tal punto que uno de los problemas hoy planteados es el de su integración o articulación en una visión unitaria. (García-Pelayo, 1991: 1583).

En perfecta sintonía con lo afirmado por Popper acerca del poder creador del «choque de culturas» ateniense, García-Pelayo señala a la curiosidad, la insatisfacción del hombre occidental, como lo que le ha conducido hacia la convivencia de diversos y hasta antagónicos *logos*, distintos al *logos* autoritario, unívoco, de las escrituras sagradas. Y el vehículo de todo esto ha sido el libro: ese objeto que ha contenido tanto el saber revelado, piedra angular de las culturas judeo-cristiana y mahometana, como el conocimiento científico y artístico, tan vigorosamente crítico como contrario a la unanimidad. En otras palabras, lo que ha distinguido al hombre occidental ha sido su capacidad para pensar, desafiando los dogmas; su capacidad para hacer filosofía, destruyendo las esclerosis ideológicas; su capacidad para ir más allá de las verdades reveladas en las escrituras sagradas. En esto, es justo reconocerlo, el cristianismo ha sido punta de lanza, si se le compara con otras culturas del libro, como las llama García-Pelayo.

Son muchos los testimonios de diversos autores sobre la experiencia de leer, y la importancia de los libros en sus vidas. Popper, en su autobiografía intelectual afirma: «Aprender a leer y, en grado menor, a escribir son, sin duda, los mayores acontecimientos en el desarrollo intelectual de una persona. No hay nada que pueda comparárseles». (Popper, 2002: 17)

Como vemos, el libro ha acompañado al hombre en su aventura, al menos en el mundo que menos ignoramos: el occidental, desde el comienzo del «milagro ateniense», y ha sido piedra de toque, base fundacional del mundo libre, del mundo de los seres que buscan sus propias explicaciones; así como también lo ha sido de los que se entregan en manos de los dogmas de fe, y claudican o postergan el uso de sus facultades para ejercer la libertad de pensar, entregados a lo establecido por los libros sagrados, en los que se asegura que se expresa la palabra divina.

A este mundo libre perteneció Miguel de Cervantes, cuya *Opera magna* es punto de inflexión de la modernidad, y que hoy nos congrega para celebrar el día del idioma español, que no es otro que el de su muerte, cosa que nunca me he podido explicar, y cuya posible causa no encuentro por ninguna parte, pero así es: celebramos el español, nuestra obra colectiva superior, el día que se ausentó para siempre uno de sus mayores cultores.

Concluyamos con párrafos de Jorge Luis Borges, escritos un año antes de morir, en 1985, como palabras introductorias al libro *Tesoros de España. Diez siglos de libros españoles*:

Hay quienes no pueden imaginar un mundo sin pájaros; hay quienes no pueden imaginar un mundo sin agua; en lo que a mí se refiere, soy incapaz de imaginar un mundo sin libros. A lo largo de la historia el hombre ha soñado y forjado un sinfín de instrumentos. Ha creado la llave, una barrita de metal que permite que alguien penetre en un vasto palacio. Ha creado la espada y el arado, prolongaciones del brazo del hombre que los usa. Ha creado el libro, que es una extensión secular de su imaginación y de su memoria. A partir de los Vedas y de las Biblias, hemos acogido la noción de libros sagrados. En cierto modo, todo libro lo es. En las páginas iniciales del Quijote, Cervantes dejó escrito que solía recoger y leer cualquier pedazo de papel impreso que encontraba en la calle. Cualquier papel que encierra una palabra es el mensaje que un espíritu humano manda a otro espíritu... Pese a mis reiterados viajes, soy un modesto Alonso Quijano que no se ha atrevido a ser don Quijote y que sigue tejiendo y destejiendo las mismas fábulas antiguas. No sé si hay otra vida; si hay otra, deseo que me esperen en su recinto los libros que he leído bajo la luna con las mismas cubiertas y las mismas ilustraciones, quizá con las mismas erratas, y los que me depara aún el futuro... De los diversos géneros literarios, el catálogo y la enciclopedia son los que más me placen. No adolecen, por cierto, de vanidad. Son anónimos como las catedrales de piedra y como los generosos jardines. (Borges, 1991:159)

Estos fragmentos que traigo a cuento constituyen una suerte de epitafio. Faltaban semanas para que Borges abandonara Buenos Aires para trasladarse a la ciudad en donde la adolescencia lo había tomado por completo: Ginebra. En ella quería morir. Estas líneas fueron dictadas por un hombre que hizo del idioma y los libros el fervor principal de su vida. Murió el 14 de junio de 1986 y quienes le acompañaban en las horas de su agonía dicen que rezó tres veces el padrenuestro que le había enseñado su abuela, en inglés antiguo. Luego se hizo el silencio y su espíritu ascendió.

Después de estas líneas conmovedoras de Borges sobre el tema que nos convoca, qué más puede decirse. No queda sino acogerse al antónimo, también glorioso, y engendrador del idioma y el libro: el silencio.

BIBLIOGRAFÍA

BORGES, Jorge Luis. *Borges A/Z*. Ediciones Siruela, Madrid, 1991.

GARCÍA-PELAYO, Manuel. *Obras Completas*, Tomos I, II y III. Centro de Estudios Constitucionales, Madrid, 1991.

MILLARES CARLO, Agustín. *Introducción a la historia del libro y de las bibliotecas*. Fondo de Cultura Económica, México, 1988.

POPPER, Karl. *En busca de un mundo mejor*. Editorial Paidós, Barcelona, 1992.

_____. *Búsqueda sin término —una autobiografía intelectual—*. Editorial Tecnos, Madrid, 2002.

MARIO VARGAS LLOSA: DEL SOCIALISMO AUTORITARIO A LA DEMOCRACIA LIBERAL

Cuando fui convocado para esta honrosísima tarea por parte de la Universidad Simón Bolívar: pronunciar unas breves palabras en el acto de conferimiento del Doctorado *honoris causa* a Mario Vargas Llosa, se apoderó de mí una pregunta: ¿cómo ser breve cuando la obra del autor es tan vasta? Para sosiego de mi alma, se me aclaró luego que podía circunscribirme a su faceta política, mientras la literaria sería trabajada por otro profesor. No obstante la acotación, el encargo continuó presentando el rostro del desafío.

Para felicidad de quienes respetamos hondamente su trayectoria intelectual, don Mario nunca ha sido un narrador a secas; siempre ha respondido al llamado de la realidad política. No ha podido ser indiferente al reclamo de los pueblos en su urgencia de justicia y libertad. Estas dos pulsiones que han tocado a su puerta, la literaria y la política, forman parte indisociable de su manera de estar en el mundo, de esa infelicidad que ha invocado cuantas veces se le ha preguntado por qué escribe: «Porque no soy feliz», ha dicho invariablemente.

Para satisfacción de los venezolanos, la parábola que traza la vida y obra vargasllosiana está estrechamente ligada a nuestro país. Cuando apenas cuenta con treinta y un años, el joven arequipeño recibe en Caracas de manos de Rómulo Gallegos el Premio Internacional de Novela que lleva su nombre. Para entonces, 1967, ha conocido el rostro oculto de la revolución cubana. Alejo Carpentier, entonces embajador de Cuba en París, ha viajado a Londres para explicarle que su país querría que entregara el dinero del premio a la causa del Che Guevara, pero que una vez hecho el gesto en La Habana, le devolverían el monto subrepticiamente. Este fraude que le proponía Carpentier por instrucciones de Haydeé Santamaría, relatado por el propio Vargas Llosa en un libro de entrevistas sostenidas con Ricardo Setti, fue uno de los primeros hechos que le abrió los ojos en torno a la naturaleza moral de la revolución cubana.

Aquel mismo año memorable de 1967, Vargas Llosa le ha expresado en entrevista a Germán Uribe, refiriéndose a Cuba, lo siguiente: «Yo ambiciono un socialismo que no solo nos emancipe de la explotación imperialista y nos libere de las oligarquías parasitarias... sino que, también, admita la libertad de prensa y la oposición política organizada... El régimen de partido único entraña un peligro, a corto o largo plazo». Como vemos, la crítica hacia el totalitarismo cubano ya afloraba en quien, hasta entonces, no había separado las aguas con él, quizás porque todavía no se advertía claramente su anatomía radicalmente autoritaria. En 1970, condena la invasión soviética de Checoeslovaquia y la posición de Fidel Castro sobre los hechos. La ruptura, finalmente, llegó con el «Manifiesto de los Intelectuales» que redactó el propio Vargas, en 1971, con motivo del punto de inflexión que significó para la izquierda democrática el caso Padilla. Desde entonces, separado de su iglesia inicial, Vargas Llosa no ha hecho sino ensanchar los caminos de la libertad, como suelen hacerlo los buenos y saludables herejes.

En la medida en que nuestro autor fue expresando sus puntos de vista al margen de la ortodoxia de la izquierda autoritaria, pues fue siendo injuriado con inquina por sus antiguos compañeros. Por otra parte, el ejercicio de la crítica fue granjeándole unos niveles de respetabilidad y credibilidad que ninguno de los escritores que han permanecido cohonestando los horrores del castrismo tienen. Años después, el fervor por la defensa de sus ideas liberales lo condujo a enfrentarse en Perú a las medidas estatizantes del entonces presidente Alan García, y a la conformación de una agrupación política, el Movimiento Libertad, con el que aspiraría a la Presidencia de la República de su país en 1990. Entonces, el pueblo peruano, como ocurre con frecuencia en hispanoamérica, se equivocó y eligió a su contrincante.

Una de las virtudes más señalables del doctorando a quien rendimos homenaje es el matrimonio que traba su curiosidad con su voluntad. Ni un minuto ha descansado en su afán creador y, por ello, tampoco ni un minuto ha dejado de continuar estudiando, leyendo, como si la vida fuera la oportunidad de completar nuestra formación hasta el instante del último aliento. No se nos olvida que don Mario es un universitario. No solo se doctoró *cum laude* en la Universidad Complutense de Madrid sino que ha sido profesor en el King's College de Londres y Titular de la Cátedra Simón Bolívar que creó el gobierno de Venezuela en la Universidad de Cambridge, durante el gobierno de Raúl Leoni.

Esta bendita curiosidad, que es el presupuesto de toda vida intelectual fructífera, ha llevado a Vargas a abrevar cada vez más en las aguas del liberalismo clásico y el contemporáneo. Entre sus mejores ensayos sobre esta materia, puede leerse el extraordinario prólogo que calzó a la edición española de *El erizo y la zorra* de Isaiah Berlin, uno de los grandes filósofos políticos de nuestro tiempo. Allí, arrobado por la admiración al profesor de Oxford, como el buen devoto que es, acuñó un reclamo. Admira la intelectualidad de Berlin, su implacable racionalidad, pero cree incompleto el enfoque si no se hace acompañar de alguien que haya indagado en el otro universo que Berlin soslaya. Entonces Vargas invoca a Georges Bataille y desliza la hipótesis según la cual entre uno y otro suman las dos mitades de los espacios de investigación humana. Dice don Mario:

> Nada más alejado de la visión limpia, serena, armoniosa, lúcida y sana del hombre que tiene Isaiah Berlin, que la concepción sombría, confusa, enferma y ardiente de Bataille. Y, sin embargo, sospecho que la vida es probablemente algo que abraza y confunde en una sola verdad, en su poderosa incongruencia, a esos dos enemigos.

No se ausentan de la mesa de trabajo de Vargas estas dos mitades: Apolo y Dionisio; las razones y las emociones; la luz y la oscuridad. De hecho, su obra misma contiene este prólogo sobre temas de filosofía política, como el que acabo de citar, y la hipererótica novela *Travesuras de la niña mala*. Quizás por esta amplitud, por esta riqueza cultural, es que los conservadores jamás aceptarán a Vargas como uno de los suyos, por más cerca que estén del pensamiento liberal. No pueden entenderlo desde su miopía fundamentalista, así como los feligreses de cualquier tolda totalitaria tampoco, llámese fascismo, socialismo, mahometanismo radical o cualquier otra expresión de quienes navegan en las aguas enemigas de la libertad.

Aunque creo haber dicho entre líneas que Mario Vargas es uno los intelectuales más completos que ha dado Hispanoamérica en toda su historia, ahora lo digo de manera explícita. Es un gran escritor porque no es solo un escritor; es un hombre de ideas y de influencia universal porque ha tejido una obra literaria. A estos hombres centáuricos se les comprende menos fácilmente que a los unidimensionales, pero sus obras son más de roca que las de arena de muchos otros.

Doctor Mario Vargas Llosa: reciba estas palabras de elogio y celebración por parte de la Academia Venezolana de la Lengua, de los profesores universitarios, de los escritores venezolanos y de este lector de su obra que discurre, emocionado.

---

* Discurso pronunciado en el Paraninfo de la Universidad Simón Bolívar con motivo del conferimiento del Doctorado *honoris causa* a Mario Vargas Llosa, 8 de diciembre, 2008.